RIQUEZAS DO CERRADO FRAGMENTADO

Editora Appris Ltda.
1.ª Edição - Copyright© 2022 dos autores
Direitos de Edição Reservados à Editora Appris Ltda.

Nenhuma parte desta obra poderá ser utilizada indevidamente, sem estar de acordo com a Lei nº 9.610/98. Se incorreções forem encontradas, serão de exclusiva responsabilidade de seus organizadores. Foi realizado o Depósito Legal na Fundação Biblioteca Nacional, de acordo com as Leis nos 10.994, de 14/12/2004, e 12.192, de 14/01/2010.

Catalogação na Fonte
Elaborado por: Josefina A. S. Guedes
Bibliotecária CRB 9/870

R594r   Riquezas do cerrado fragmentado / Alexandre Marques da Silva ... [et al.].
2022   1. ed. - Curitiba: Appris, 2022.
        135 p. ; 23 cm. – (Sustentabilidade, impacto e gestão ambiental).

        Inclui bibliografia.
        ISBN 978-65-250-3060-9

        1. Sustentabilidade. 2. Gestão ambiental. 3. Cerrados – Proteção.
I. Silva, Alexandre Marques da. II. Título. III. Série.

        CDD – 363.7

Livro de acordo com a normalização técnica da ABNT

Appris *editora*

Editora e Livraria Appris Ltda.
Av. Manoel Ribas, 2265 – Mercês
Curitiba/PR – CEP: 80810-002
Tel. (41) 3156 - 4731
www.editoraappris.com.br

Printed in Brazil
Impresso no Brasil

Alexandre Marques da Silva
Daniela Silvia de Oliveira Canuto
Jose Cambuim
Antonio Rioyei Higa
Luciana Duque Silva
Mario Luiz Teixeira de Moraes

RIQUEZAS DO CERRADO FRAGMENTADO

FICHA TÉCNICA

EDITORIAL	Augusto V. de A. Coelho
	Marli Caetano
	Sara C. de Andrade Coelho
COMITÊ EDITORIAL	Andréa Barbosa Gouveia - UFPR
	Edmeire C. Pereira - UFPR
	Iraneide da Silva - UFC
	Jacques de Lima Ferreira - UP
SUPERVISOR DA PRODUÇÃO	Renata Cristina Lopes Miccelli
ASSESSORIA EDITORIAL	Manuella Marquetti
REVISÃO	Bruna Fernanda Martins
PRODUÇÃO EDITORIAL	Raquel Fuchs
DIAGRAMAÇÃO	Luciano Popadiuk
REVISÃO DE PROVA	Bianca Silva Semeguini
CAPA	Renata Policarpo
COMUNICAÇÃO	Carlos Eduardo Pereira
	Karla Pipolo Olegário
	Kananda Maria Costa Ferreira
	Cristiane Santos Gomes
LANÇAMENTOS E EVENTOS	Sara B. Santos Ribeiro Alves
LIVRARIAS	Estevão Misael
	Mateus Mariano Bandeira
GERÊNCIA DE FINANÇAS	Selma Maria Fernandes do Valle

COMITÊ CIENTÍFICO DA COLEÇÃO SUSTENTABILIDADE, IMPACTO, DIREITO E GESTÃO AMBIENTAL

DIREÇÃO CIENTÍFICA Belinda Cunha

CONSULTORES
- Dr. José Renato Martins (Unimep)
- Dr. José Carlos de Oliveira (Unesp)
- Fernando Joaquim Ferreira Maia (UFRPE)
- Sérgio Augustin (UCS)
- Prof. Dr. Jorge Luís Mialhe (Unesp-Unimep)
- José Farias de Souza Filho (UFPB)
- Zysman Neiman (Unifesp)
- Maria Cristina Basílio Crispim da Silva (UFPB)
- Iranice Gonçalves (Unipê)
- Elisabete Maniglia (Unesp)
- Prof. Dr. José Fernando Vidal de Souza (Uninove)
- Hertha Urquiza (UFPB)
- Talden Farias (UFPB)
- Caio César Torres Cavalcanti (FDUC)

INTERNACIONAIS
- Edgardo Torres (Universidade Garcilaso de la Veja)
- Ana Maria Antão Geraldes (Centro de Investigação de Montanha (CIMO), Instituto Politécnico de Bragança)
- Maria Amélia Martins (Centro de Biologia Ambiental Universidade de Lisboa)
- Dionisio Fernández de Gatta Sánchez (Facultad de Derecho. Universidad de Salamanca)
- Alberto Lucarelli (Università degli Studi di Napoli Federico II)
- Luiz Oosterbeek (Instituto Politécnico de Tomar)

À minha esposa, Daniela Sílvia de Oliveira Canuto, e às milhas filhas, Carla Canuto Marques e Alice Canuto Marques, somos uma família unida, amorosa, crescendo e nos tornando melhores a cada novo dia, feito um presente dado por Deus.
(Alexandre Marques Da Silva)

Dedico este livro às minhas filhas, Carla Canuto Marques e Alice Canuto Marques, e ao meu marido, Alexandre Marques da Silva, por ter me possibilitado a verdadeira felicidade em minha vida.
(Daniela Silvia de Oliveira Canuto)

Aos meus pais, Manoel Cambuim e Carolina da Cruz Prates, pelo amor, carinho e dedicação e pelos ensinamentos a mim deixados. Aos meus irmãos, Sebastião Cambuim e Iraci Cambuim, com quem, na infância, briguei, brinquei, trabalhei. À minha esposa, Antônia Gomes Cambuim, por me apoiar sempre nas conquistas dos meus ideais, por suportar pacientemente todas as minhas ausências, por todo seu amor e sua dedicação. Aos meus filhos, pessoas muito importantes na minha vida e as grandes razões por eu estar aqui: Kelly Cristina Gomes Cambuim, Aldo Renan Gomes Cambuim, Sergio Antônio Cambuim e Diana Carla Oliveira Santana Lima. Aos meus netos, Benjamin de Sousa Cambuim, Gabriel de Lima Cambuim e Valentim de Lima Cambuim.
(Jose Cambuim)

Aos meus pais, Mario Teixeira de Moraes e Lourdes Maria Torrezan Moraes (in memoriam), à minha esposa, Selma Maria Bozzite Moraes, e às minhas filhas, Marcela Aparecida de Moraes, Mayara Aparecida de Moraes e Mariana Aparecida de Moraes, por tudo que representam em minha vida.
(Mario Luiz Teixeira de Moraes)

Dedico este trabalho a todos os integrantes da equipe dos projetos de pesquisa que deram origem a esta obra, que sem medir esforços compartilharam informações e se dedicaram a realizar a pesquisa com o olhar nas fortalezas e nas fragilidades do Cerrado e da população que no entorno vive.
(Luciana Duque Silva)

A verdadeira felicidade está na própria casa, entre as alegrias da família.
(Leon Tolstói)

AGRADECIMENTOS

Expresso, de maneira sincera, meus agradecimentos àqueles que tornaram possível e contribuíram para a produção deste livro. Fruto de esforço, dedicação e colaboração de vários profissionais e instituições.

Em primeiro lugar, expresso minha infinita gratidão a Deus pela saúde, pela vida e por minha família.

Ao meu professor e amigo Mario Luiz Teixeira de Moraes, por me fornecer todo o apoio técnico para desenvolver este livro. Conforme São Tomás de Aquino, existem três níveis de gratidão: reconhecimento, agradecimento e vínculo. O primeiro deles refere-se ao reconhecimento intelectual. O segundo é realizado quando o beneficiado dá graças a alguém pelo bem que lhe foi feito. Já o nível mais profundo é aquele no qual, em razão do tamanho da benfeitoria, o favorecido sente-se obrigado a retribuir o que lhe foi feito. Muito obrigado!

Para o amigo Alonso Ângelo da Silva, pela ajuda incondicional que me deu ao longo da fase de campo e posterior no desenvolvimento do livro.

Aos professores doutores Antônio Higa (UFPR), Luciana Duque Silva (Esalq/USP) e Flávio Bertin Gandara Mendes (Esalq/USP), pela dedicação doando seu tempo e as orientações no desenvolvimento científico para compor este livro.

Igualmente importantes foram os revisores, os professores doutores Alan Rodrigo Panosso, Celso Luís Marino, Marco Eustáquio de Sá, Carlos José Rodrigues, Patrícia Ferreira Alves, Thaisa Yuriko Kuboyama Kubota e Camila Regina Silva Baleroni Recco. Agradeço a participação e as valiosas contribuições por proporem sugestões e conselhos oportunos de revisão do projeto do livro.

Ao doutor David Meyer pelo auxílio na utilização de seus pacotes computacionais *sets* e *proxy* para o *software* R; ao senhor Sérgio H. S. de Quadros pelos ensinamentos e ajuda no desenvolvimento dos *scripts* para as análises utilizando o pacote computacional *VennDiagram* para R. Ao Rich Gillin pela ajuda na edição dos gráficos no *software* R.

À memória de José Jesus Batista Apolinário, amigo e companheiro das expedições, carinhosamente chamadas por ele de "caçadas", pela riqueza da interlocução e pelo afeto compartilhado.

Sou muito grato à Empresa Suzano S.A., que tornou possível a publicação deste livro e a execução das atividades de pesquisa, educação e conservação da natureza nos fragmentos de Cerrado, nas pessoas dos pesquisadores da Diretoria de Tecnologia & Inovação: Ailton Carlos da Silva, Odair de Almeida, Claudiney Campos dos Santos, Alceu Prestes Pinheiro e Luiz Otavio de Oliveira Ramos. Nossa parceria iniciou-se com a Empresa Fibria nas pessoas de Ana Paula Corrêa do Carmo (Fibria – CT); Renato Cipriano Rocha (Fibria – MAF); Edimar Aparecido Scarpinati (Fibria – CT) e Evânia Lopes (Fibria – Sustent), e com a fusão da Suzano Papel e Celulose, movimento que cria a Suzano S.A.

Sou muito grato aos patrocinadores que tornaram possível a publicação deste livro, a Associação de Recuperação Florestal do Pontal do Paranapanema Pontal Flora, na pessoa de José Alberto Mangas Pereira Catarino, e a Empresa Resineves Agroflorestal Ltda., na pessoa de Generci Assis Neves.

Conforme disse Ayrton Senna: "Eu sou parte de uma equipe. Então, quando venço, não sou eu apenas quem vence. De certa forma, termino o trabalho de um grupo enorme de pessoas". A todos, meu muito obrigado.

Alexandre Marques da Silva

Sou grato à Empresa Suzano S.A. (*old* Fibria), que permitiu a execução das atividades de pesquisa em suas dependências e todos os outros auxílios necessários para ela, iniciada em 09/2008 e terminada em 09/2012 com a dissertação de mestrado de Cecília Luiza Dourado, intitulada "Avaliação de uma fazenda florestal com produção de eucalipto e reserva legal manejada no Cerrado sul-mato-grossense: indicadores para a busca da sustentabilidade".

O trabalho mencionado foi realizado com apoio da Coordenação de Aperfeiçoamento de Pessoal de Nível Superior (Capes) – Brasil – Código de Financiamento N.PE. 083/2008.

Antonio Rioyei Higa

HOMENAGEM

Ao Prof. Paulo Yoshio Kageyama

Conheci o Prof. Kageyama, da Esalq/USP, como membro da banca do meu trabalho de conclusão de curso, na FCAV/Unesp, em Jaboticabal-SP. Depois tive a honra de ser seu orientado em toda a minha carreira acadêmica. Aprendi, então, a conhecer às árvores que ocorrem no Cerrado, em especial a aroeira, que me fascinou pela sua longevidade e ocorrência nos vários biomas: Caatinga, Cerrado, Mata Atlântica, Pantanal e Gran Chaco. Com essa espécie coloquei em prática o que aprendi com o grande mestre. Algumas de suas habilidades eram a capacidade de interpretação dos dados estatísticos, que trazia em relação aos mais variados temas, e as estratégias que propunha para tornar assuntos, às vezes, maçantes em obras-primas, que mudaram a forma como passamos a valorizar e plantar as nossas espécies arbóreas nativas, quer sejam da Mata Atlântica, do Cerrado ou da Amazônia. As suas aulas e palestras sempre nos motivavam da forma como expunha os problemas e propostas de solução à luz da ciência, era como se estivéssemos assistindo a um filme, em que o personagem principal desvendava os mistérios da natureza e nos convidava a participar dessa grande aventura da vida nas florestas e no Cerrado. Saber ouvir e valorizar as pessoas dos locais onde visitava era uma de suas características. Assim, estava sempre formando novos grupos e enviando os seus orientados para todas as regiões do Brasil, criando-lhes oportunidades de evolução. Sua preocupação maior foi sempre a formação de pessoas, que acreditassem no desenvolvimento de um país rico em biodiversidade, mas pobre em valorizar a sua cultura e entender o que as espécies arbóreas nos falam aos ouvidos. Deixou-nos, de repente, mas o seu legado será lembrado para sempre, enquanto houver uma árvore em pé, clamando pelo grande mestre.

Prof. Dr. Mario Luiz Teixeira de Moraes
Professor titular da Universidade Estadual Paulista (Unesp),
Faculdade de Engenharia, Ilha Solteira. Departamento de Fitotecnia,
Tecnologia de Alimentos e Sócio Economia

Palavra puxa palavra, uma ideia traz outra, e assim se faz um livro, um governo, ou uma revolução, alguns dizem que assim é que a natureza compôs as suas espécies.
(Machado de Assis, 1884)

Evidentemente, para os que não têm consciência do significado das heranças paisagísticas e ecológicas, os esforços dos cientistas que pretendem responsabilizar todos e cada um pela boa conservação e pelo uso racional da paisagem e dos recursos da natureza somente podem ser tomados como motivo de irritação, quando não de ameaça, a curto prazo, à economicidade das forças de produção econômica.
(Aziz Nacib Ab'Saber, 2003, p. 10)

PREFÁCIO

A reunião de várias experiências ao longo dos anos, adquiridas pelo acúmulo de observações, juntamente à solidariedade e ao vasto grau de altruísmo foram determinantes na construção deste livro. Ao longo de anos trabalhando e acompanhando pesquisas nas áreas de Fitotecnia, Fruticultura, Olericultura e principalmente Silvicultura, sempre agregando sustentabilidade e preservação ambiental, o técnico agrícola, bacharel em Geografia, Alexandre Marques da Silva, enveredou para o mestrado e posteriormente doutorado em Agronomia – especialidade em Sistema de Produção – na linha de pesquisa de Genética e Melhoramento de Plantas com ênfase em preservação dos recursos naturais. Construiu dessa forma uma base sólida que resolveu compartilhar com a comunidade científica, procurando evidenciar a diversidade, a riqueza de espécies, os riscos eminentes de materiais em extinção e quais os cuidados que devem ser realizados para que essa riquíssima flora possa ser preservada. Em seu trabalho fornece importantes informações, como nome comum das espécies, nome científico, tipos de uso, frequência nos fragmentos, tipo de polinização, tipo de agente polinizador, forma de dispersão das sementes, tipo de sucessão na vegetação, se pioneira, secundária, intermediária ou tardia. Essas informações são primordiais na recuperação, preservação e manejo da vegetação e do ambiente.

Este trabalho representa uma grande contribuição para as presentes e próximas gerações, que buscam um mundo melhor, com ambiente saudáveis, em termos de água, flora, fauna e todos que delas dependem.

Prof. Dr. Marco Eustáquio de Sá
Professor titular da Universidade Estadual Paulista (Unesp),
Faculdade de Engenharia, Ilha Solteira. Departamento de Fitotecnia,
Tecnologia de Alimentos e Sócio Economia

SUMÁRIO

1 INTRODUÇÃO 21

2 HISTÓRICO DE USO DA VEGETAÇÃO NO MUNICÍPIO DE TRÊS LAGOAS, MS 25

3 CERRADO 29

4 FRAGMENTAÇÃO DO CERRADO 35

5 ESPÉCIES ARBÓREAS ÚTEIS 39

6 CONSERVAÇÃO DO CERRADO 43
   6.1 Área de Coleta de Sementes 46

7 PERCURSOS DA PESQUISA 51
   7.1 Fragmentos de Cerrado no município de Três Lagoas 55
   7.2 Fragmentos de Cerrado na fazenda Curucaca: levantamento de área potencial para produção de sementes 97
   7.3 Fragmentos de Cerrado na fazenda Curucaca: dentrometria 98
   7.4 Fragmentos de Cerrado na fazenda Curucaca: área de coleta de sementes 109

8 CONCLUSÕES 117

REFERÊNCIAS 119

INTRODUÇÃO

O modelo de produção agropecuária do Brasil ocorre sem planejamento de conservação da vegetação. Não há uma conscientização de localizar, planejar, os locais de produção agropecuária, estabelecendo, criando e mantendo os corredores ecológicos, as ligações entres os fragmentos de Cerrado, para garantir a movimentação de animais e a troca de propágulos entre esses fragmentos. Produzindo uma paisagem com mosaicos de fragmentos distantes e sem conexões entre si, resultando em ambientes degradados que precisam ser recuperados.

A conservação da biodiversidade, embora tenha o reconhecimento da sociedade, só terá efeito se for acompanhada de um planejamento ecológico, genético, econômico e social, que traga ao produtor rural a possibilidade de comercialização de produtos madeireiros e não madeireiros provenientes de um fragmento florestal ou de Cerrado, que esteja em ótimo estado de preservação.

A biodiversidade existente em fragmentos de Cerrado é um enorme potencial para geração de valor, tanto para as empresas quanto para as comunidades vizinhas, a partir da produção sustentável de produtos não madeireiros. A utilização de espécies nativas para produção de serviços e bens de consumo com valor comercial é a forma mais direta de atribuição de valor aos ativos da biodiversidade.

No município de Três Lagoas, no estado do Mato Grosso do Sul (MS), existem inúmeras espécies arbóreas nativas que são utilizadas informalmente pela população local para venda ou consumo, como, por exemplo, pequi (*Caryocar brasiliense*), marolo (*Annona* spp.), gabiroba (*Campomanesia* spp.) e o palmito (*Syagrus oleracea* e *Acrocomia aculeata*). Entretanto, suas cadeias produtivas são mal estruturadas e é virtualmente ausente a prática de cuidados básicos de manejo sustentável, e muito menos ocorre a legalização das atividades e certificação dos produtos.

Para recuperação ambiental de áreas cujos ecossistemas estejam degradados no Cerrado não há na literatura pesquisas que visem nortear as áreas a serem visitadas para coletas de sementes ou como proceder na identificação de árvores matrizes. Atualmente há pesquisas voltadas para o isolamento desses ecossistemas de Cerrado para que este se regenere espontaneamente. Mas há situações em que se faz necessária a intervenção humana para promover a recuperação, dependendo do grau de perturbação que essas áreas se encontram. Nesse caso, é necessário conhecer os locais para colheita de propágulos e ter conhecimento dos procedimentos adequados para uma boa amostragem de genótipos (árvores matrizes) adaptados às situações de perturbação antrópica em que cada ecossistema se encontra.

Fragmentos de Cerrado possuem grande potencial para a produção de sementes, muitos desses estão próximos a comunidades com demanda por atividades de geração de renda e em regiões onde existe grande demanda pelo produto (sementes). A principal demanda por sementes nativas e o suprimento de viveiros produtores de mudas necessárias para os programas de restauração ambiental é de produtores rurais e iniciativas não governamentais. Entretanto, há também demanda por sementes nativas para plantios comerciais, produção de artesanato e outros usos (medicinal, cosmético, culinário etc.).

Embora o melhoramento de espécies nativas seja incipiente no Brasil, existe uma preocupação legítima com a manutenção da diversidade genética das espécies em plantios de restauração ambiental, e com a forma das árvores, resistência a pragas e doenças e taxas de crescimento das espécies em plantios pilotos de nativas com objetivos de produção de madeira e outros produtos.

Em termos de mercado, existe hoje uma grande demanda de mudas de espécies nativas para os programas de restauração de áreas de preservação permanente e reserva legal. Atualmente, as sementes que dão origem às mudas que suprem essa demanda não possuem controle genético. Dessa forma, é latente a oportunidade de negócio que consiste na produção de um produto florestal não madeireiro de forma sustentável e com qualidade superior, gerando renda e oportunidades de desenvolvimento sustentável na região.

Este livro tem os objetivos de identificar espécies arbóreas em fragmentos do bioma Cerrado no município de Três Lagoas (MS) fornecedoras de produto não madeireiro e madeireiro e a similaridade entre esses fragmentos;

Selecionar potenciais fragmentos com maior grau de conservação para a colheita de sementes; fornecer subsídios para a conservação *in situ* e conhecer o desempenho das espécies arbóreas com a finalidade de utilizá-las como matrizes;

Utilizar a metodologia do modelo linear misto (aditivo univariado) – REML/BLUP – como mecanismos de avaliar áreas para produção sustentável de sementes de espécies arbóreas em áreas de fragmentos de Cerrado.

2

HISTÓRICO DE USO DA VEGETAÇÃO NO MUNICÍPIO DE TRÊS LAGOAS, MS

O município de Três Lagoas tem uma área territorial de 10.206 km², e uma distância de 324 km da capital do estado, Campo Grande. O município está localizado a leste no estado de Mato Grosso do Sul, às margens do rio Paraná, fazendo divisa com o noroeste do estado de São Paulo[1].

Três Lagoas é considerada cidade polo que compõe a região do Bolsão Sul-Mato-Grossense juntamente a mais nove municípios. O Bolsão tem área total de aproximadamente 58 mil km² (16,2 % do território estadual) e ali residem pouco mais de 250 mil habitantes (10,3% da população estadual). A região se desenvolveu dentro de características agrícolas com forte predomínio da pecuária, porém nos últimos anos vem diversificando sua economia[2].

O solo do município de Três Lagoas é composto, principalmente, por Latossolos Vermelho Escuro e Nitossolos. Tratam-se de solos minerais, não hidromórficos, altamente intemperizados, apresentam horizonte B latossólico e podem ser profundos ou muito profundos, bem drenados ou acentuadamente drenados, friáveis e muito porosos. Os outros tipos de solo que podem ser encontrados em Três Lagoas são Latossolo distrófico (em regiões cobertas por faixas de Mata Atlântica), Luvissolos, Planossolos, algumas áreas de Argissolos. Próximo à margem do Rio Paraná, são encontradas várias unidades de solos, em que não é possível identificar qual delas é a dominante, sendo difícil a separação mesmo em estudo em escalas maiores. Essa Associação Complexa é composta por: Planossolos + Gleissolos + Neossolos + Organossolos[3].

---

[1] SOUZA, M. L. L. de. Turismo como instrumento de desenvolvimento local. **Conexão**, Três Lagoas, v. 7, n. 1, p. 308-315, 2010.

[2] MATO GROSSO DO SUL. **Caderno Geoambiental das regiões de Planejamento do MS**. Campo Grande, Mato Grosso do Sul: Secretaria de Estado de Meio Ambiente, do Planejamento e da Ciência & Tecnologia, 2011.

[3] MATO GROSSO DO SUL. **Atlas Multireferrencial do Estado de Mato Grosso do Sul**. Campo Grande, Mato Grosso do Sul: Secretaria de Planejamento e Coordenação Geral, 1990; 2011.

Três Lagoas possui um conjunto fitogeográfico uniforme, uma vez que apresentam-se em sua paisagem Campos Limpos e Florestas Perenifólias, Subperenifólias e Mesofólias. A vegetação predominante é o Cerrado (Gramíneo-lenhosa, Arbórea Densa e Arbórea Aberta). Há também faixas de Mata Atlântica, que se alternam perpendicularmente às margens do Rio Paraná, com a vegetação do Cerrado, até que essas listras de floresta se afinam e desaparecem, conforme se distanciam do rio[4].

Na década de 70, ocorreu uma grande valorização de suas terras, atraindo diversos pecuaristas que realizaram o corte raso da vegetação nativa, sendo exploradas as madeiras de valor comercial como *Pterodon* spp., *Anadenanthera* spp., *Diptychandra aurantiaca*, entre outras. E as espécies arbustivas e arbóreas que não fossem de interesse eram utilizadas para produção de carvão. Após esse período, realizavam apenas abates seletivos destinados à produção de madeiras para usos em suas propriedades, tais como mourões para cerca, consertos dos currais e outros usos voltados às benfeitorias.

Os fragmentos são resultado dessa exploração, em sua maioria de fisionomias Cerrado e Cerradão. E ao longo dos anos foram submetidos à atividade de exploração seletiva de madeira de espécies como *Pterodon* spp., *Copaifera langsdorffii*, *Plathymenia reticulata*, *Handroanthus* spp., *Terminalia argentea*, *Cedrela* spp., *Bowdichia virgilioides*, *Anadenanthera* spp., *Macherium acutifolium* e *Diptychandra aurantiaca*. Pela grande utilidade dessas espécies, os proprietários tinham por cultura deixar em suas pastagens indivíduos isolados. Nessa linha cultural de uso de espécies arbóreas pelas suas utilidades nas propriedades, espécies produtoras de frutos, como: *Dipteryx alata*, *Caryocar brasiliense*, *Pouteria* spp., *Annona* spp., *Hancornia speciosa* e outras, também eram poupadas do abate. Portanto, os mosaicos de paisagem que se tem atualmente são reflexos de ações do homem por influência de sua cultura ao longo do histórico dessa região. Ao selecionar os indivíduos arbóreos mais vigorosos, o homem fazia uma seleção genética de indivíduos mais adaptados às condições locais, um melhoramento "genético cultural".

Até 1984 os Cerrados foram substituídos exclusivamente por gramíneas (*Urochloa brizantha* e *Urochloa decumbens*) e por reflorestamento de eucaliptos, *Pinus* e ipês[5]. A partir de 1997, o município consolidou-se como industrial, mudando a base econômica de pecuária de corte extensiva para

---

[4] MATO GROSSO DO SUL, 1990; 2011.

[5] PEREIRA-NORONHA, M. R.; SILVA, J. L. L. **Mapeamento geoambiental do Horto Matão**. Três Lagoas: [s. n.], 1996.

a industrialização, a partir dos incentivos fiscais e das isenções dos impostos municipal e estadual[6], o que tornou o município muito atrativo para as empresas. A partir de então, empresas de papel e celulose começaram a investir no município de Três Lagoas. O cultivo principal é de espécies do gênero *Eucalyptus*.

Ocorrendo transformações significativas da paisagem, na medida em que o cultivo do *Eucalyptus* aumenta, a pecuária diminui, dando espaço para a silvicultura. Os fragmentos passam a ter uma outra função na paisagem, tornando-se Reservas Legais. Esses fragmentos, que antes eram muito degradados pela exploração, tanto de madeira como no pastejo da bovinocultura, nesse novo modelo de uso da propriedade são isolados e não mais explorados para usos de madeira ou da pecuária, o que permite o ressurgimento da cobertura vegetal nativa e, aos poucos, se reestabelecendo com uma composição florística distinta da original.

Nesse contexto é que se situa a contribuição crucial da ciência para a produção do conhecimento e da inovação, reconhecendo a complexidade da questão ecológica, discernindo entre a consciência ecológica, a utopia ecológica e a ideologia ecológica que acoberta a geopolítica, de modo a concretizar as possibilidades hoje existentes implementando um novo modo de produzir baseado no conhecimento, utilizando o patrimônio natural sem destruí-lo e, inclusive, sem alterar as relações sociais e de poder[7].

---

[6] OLIVEIRA, P. de. As relações entre as indústrias de Três Lagoas-MS no contexto de territorialidade: um estudo com perspectivas de desenvolvimento local. **Conexão**, Três Lagoas, v. 7, n. 1, p. 294-307, 2010.

[7] BECKER, B. K. Ciência, tecnologia e inovação – condição do desenvolvimento sustentável da Amazônia. **Parcerias Estratégicas**, Brasília, v. 15, n. 31, p. 15-34, 2010.

3

CERRADO

O Cerrado está localizado nas terras altas do Brasil Central e abrange cerca de 2 milhões de km² ou 21% do território brasileiro. Representa o segundo maior bioma da América do Sul, depois da Amazônia. A área total é equivalente ao tamanho da Alemanha, França, Inglaterra, Itália e Espanha, todos os países combinados[8]. Pode ser considerado como a savana com a maior biodiversidade do mundo[9].

O Cerrado não é um bioma único, mas um complexo de biomas, formado por um mosaico de comunidades pertencentes a um gradiente de formações ecologicamente relacionadas, que vai de campo limpo a cerradão[10]. As florestas estacionais ocupam, aproximadamente, 15% da área do Cerrado e estão entre os tipos de vegetação mais degradados e fragmentados, nesse bioma[11].

O Cerrado brasileiro abrange a savana florestal mais extensa da América do Sul[12]. A região do Cerrado também possui uma grande variedade de habitats, desde vastas pastagens até mata seca[13]. Essa variabilidade do ambiente faz do Cerrado uma das mais ricas de todas as savanas tropicais[14].

Com mais de 4.800 espécies de plantas e vertebrados registrados, o Cerrado é um *hotspot* de biodiversidade. Também abrange três das maiores

---

[8] DAMASCO, G. *et al*. The Cerrado Biome: A Forgotten Biodiversity Hotspot. **Frontiers for Young Minds**, [s. l.], v. 6, p. 1–9, 2018. Disponível em: https://doi.org/10.3389/frym.2018.00022. Acesso em: 10 jan. 2019.

[9] DURIGAN, Giselda; RATTER, J. A. The need for a consistent fire policy for Cerrado conservation. **Journal of Applied Ecology**, [s. l.], v. 53, n. 1, p. 11-15, 2016. Disponível em: https://doi.org/10.1111/1365-2664.12559. Acesso em: 12 jan. 2019.

[10] COUTINHO, Leopoldo Magno. O conceito de bioma. **Acta Botanica Brasilica**, [s. l.], v. 20, n. 1, p. 13-23, 2006. Disponível em: https://doi.org/10.1590/S0102-33062006000100002. Acesso em: 8 jan. 2019.

[11] PEREIRA, B. A. da S.; VENTUROLI, F.; CARVALHO, F. A. Florestas estacionais no Cerrado: uma visão geral. **Pesquisa Agropecuária Tropical**, [s. l.], v. 41, n. 3, p. 446-455, 2011. Disponível em: https://doi.org/10.5216/pat.v41i3.12666. Acesso em: 13 jan. 2019.

[12] DAMASCO *et al*., 2018.

[13] RATTER, J. . The Brazilian Cerrado Vegetation and Threats to its Biodiversity. **Annals of Botany**, [S. l.], v. 80, n. 3, p. 223-230, 1997. Disponível em: https://doi.org/10.1006/anbo.1997.0469. Acesso em: 10 jan. 2019.

[14] KLINK, C. A.; MACHADO, R. B. Conservation of the Brazilian Cerrado. **Conservation Biology**, [S. l.], v. 19, n. 3, p. 707-713, 2005. Disponível em: https://doi.org/10.1111/j.1523-1739.2005.00702.x. Acesso em: 10 jan. 2019.

bacias hidrográficas da América do Sul, contribuindo com 43% das águas superficiais do Brasil fora da Amazônia. Apesar de sua enorme importância para a conservação de espécies e a prestação de serviços ecossistêmicos, o Cerrado perdeu 88 Mha (46%) de sua cobertura vegetal e apenas 19,8% permanece inalterado. Entre 2002 e 2011, taxas de desmatamento no Cerrado (1% por ano) foram 2,5 vezes maiores do que na Amazônia[15]. Após queda entre 2017 e 2018, o desmatamento no bioma Cerrado volta a crescer. O desmatamento no bioma Cerrado para o ano de 2020, correspondente ao período de agosto de 2019 a julho de 2020, teve um aumento de 13% em relação ao ano de 2019[16].

A composição e a estrutura das espécies da vegetação lenhosa do Cerrado são determinadas por fatores bióticos e abióticos específicos, que atuam em diferentes escalas espaciais[17]. Em menor escala, a composição de espécies está relacionada à topografia e à geomorfologia locais[18], às propriedades físicas e químicas do solo[19], às condições hidrológicas[20] e à história dos incêndios florestais[21].

O bioma de savana tropical é constituído por um complexo de fitofisionomias, um complexo de formações, representando um gradiente de biomas ecologicamente relacionados, razão suficiente para considerar esse complexo como uma unidade biológica[22].

---

[15] STRASSBURG, B. B. N. *et al.* Moment of truth for the Cerrado hotspot. **Nature Ecology & Evolution**, [s. l.], v. 1, n. 4, p. 0099, 2017. Disponível em: https://doi.org/10.1038/s41559-017-0099. Acesso em: 13 jan. 2019.

[16] INSTITUTO NACIONAL DE PESQUISAS ESPACIAIS. COORDENAÇÃO GERAL DE OBSERVAÇÃO DA TERRA. **PRODES** – Incremento anual de área desmatada no Cerrado Brasileiro. [S. l.], 2020. Disponível em: http://Cerrado.obt.inpe.br/. Acesso em: 4 ago. 2021.

[17] ABADIA, A. C. *et al.* Savannas on two different substrates in Brazil have a similar species diversity, but distinct edaphic conditions and species composition. **Brazilian Journal of Botany**, [s. l.], v. 41, n. 1, p. 57-64, 2018. Disponível em: https://doi.org/10.1007/s40415-017-0424-x. Acesso em: 13 jan. 2019.

[18] MOTTA, P. E. F. da *et al.* Relações solo-superfície geomórfica e evolução da paisagem em uma área do Planalto Central Brasileiro. **Pesquisa Agropecuária Brasileira**, [s. l.], v. 37, n. 6, p. 869-878, 2002. Disponível em: https://doi.org/10.1590/S0100-204X2002000600017. Acesso em: 13 jan. 2019.

[19] REATTO, A. *et al.* Solos do Bioma do Cerrado: aspectos pedológicos. *In*: SANO, S. M.; ALMEIDA, S. P. de; RIBEIRO, J. F. (org.). **Cerrado**: ecologia e Flora. Brasília: Embrapa Cerrados, 2008. v. 1, p. 107-149; RIBEIRO, J. F.; WALTER, B. M. T. As principais Fitofisionomias do Bioma Cerrado. *In*: SANO, S. M.; ALMEIDA, S. P. de; RIBEIRO, J. F. (org.). **Cerrado**: ecologia e Flora. Brasília: Embrapa Cerrados, 2008. v. 1, p. 151-212.

[20] FERREIRA, J. N.; BUSTAMANTE, M. M. da C.; DAVIDSON, E. A. Linking woody species diversity with plant available water at a landscape scale in a Brazilian savanna. **Journal of Vegetation Science**, [s. l], v. 20, n. 5, p. 826-835, 2009. Disponível em: https://doi.org/10.1111/j.1654-1103.2009.01076.x. Acesso em: 13 jan. 2019.

[21] MOREIRA, A. G. Effects of fire protection on savanna structure in Central Brazil. **Journal of Biogeography**, [s. l.], v. 27, n. 4, p. 1021-1029, 2000. Disponível em: https://doi.org/10.1046/j.1365-2699.2000.00422.x. Acesso em: 13 jan. 2019.

[22] COUTINHO, 2006.

Portanto as espécies arbóreas de Cerrado apresentam plasticidade, que consiste na capacidade de resistir e se adaptar às mais variadas situações de *stress* ambiental, alterar a sua fisiologia ou morfologia de acordo com as condições do ambiente, garantindo um aumento na produção além da sua sobrevivência em meio a mudanças climáticas globais[23].

As principais adaptações das plantas nativas às condições físicas do Cerrado são: o sistema subterrâneo desenvolvido desde o estádio de plântula, com raízes que atingem grandes profundidades no solo em busca de água; caules subterrâneos com função de reserva (xilopódio) e com gemas que permitem a rebrota das plantas após a estiagem e as queimadas; translocação de fotoassimilados para o sistema subterrâneo nos períodos de seca; caules aéreos muito espessos e com acúmulo de cortiça para proteção contra o fogo; folhas com estômatos abaxiais, cutícula espessa e com pilosidades, minimizando perdas de água para a atmosfera; resposta de crescimento sob baixas concentrações de nutrientes e pH ácido; acúmulo foliar de alumínio; e ajustamento osmótico das raízes, possibilitando a entrada de água nos meses secos e a continuidade da transpiração e da fotossíntese[24].

Uma das características da vegetação desse bioma brasileiro é a ocorrência das queimadas naturais, especialmente durante a estação seca, quando a vegetação composta predominante por gramíneas rasteiras apresenta baixo teor de umidade e se torna altamente inflamável[25].

Os ecossistemas não florestais conforme demonstrado pela ciência são não só adaptados, mas dependentes do fogo e já existiam há cerca de dez milhões de anos, quando surgiram no planeta as gramíneas C4[26].

A seca e a estiagem são fenômenos caracterizados pela ausência, escassez, frequência reduzida, quantidade limitada e má distribuição das precipitações pluviométricas durante um determinado período do ano no

---

[23] CARDOSO, G. L.; LOMÔNACO, C. Variações fenotípicas e potencial plástico de Eugenia calycina Cambess. (Myrtaceae) em uma área de transição Cerradovereda. **Revista Brasileira de Botânica**, [s. l.], v. 26, n. 1, p. 131–140, 2003. Disponível em: https://doi.org/10.1590/S0100-84042003000100014. Acesso em: 4 jan. 2019.; GHALAMBOR, C. K. et al. Adaptive versus non-adaptive phenotypic plasticity and the potential for contemporary adaptation in new environments. **Functional Ecology**, [s. l.], v. 21, n. 3, p. 394-407, 2007. Disponível em: https://doi.org/10.1111/j.1365-2435.2007.01283.x. Acesso em: 4 jan. 2019.

[24] SCARIOT, A.; SOUSA-SILVA, J. C.; FELFILI, J. M. (org.). **CERRADO**: Ecologia, Biodiversidade e Conservação. Brasília: Ministério do Meio Ambiente, 2005.

[25] RAMOS-NETO, M. B.; PIVELLO, V. R. Lightning Fires in a Brazilian Savanna National Park: Rethinking Management Strategies. **Environmental Management**, [s. l.], v. 26, n. 6, p. 675-684, 2000. Disponível em: https://doi.org/10.1007/s002670010124. Acesso em: 12 jan. 2019.

[26] DURIGAN, Giselda et al. **Plantas pequenas do Cerrado:** biodiversidade negligenciada. São Paulo: Secretaria do Meio Ambiente, 2018.

Cerrado, com temperaturas elevadas, solo seco e baixa umidade e a vegetação com a presença de gramíneas, arbustos e árvores com galhos e folhas secas, que proporcionam condições ideais para a presença do fogo[27].

O padrão observado com relação à circunferência do caule e à altura da planta para *Qualea grandiflora*, *Qualea multiflora* e *Piptocarpha rotundifolia* possivelmente seja causado pelo rebrotamento, estimulado pelo fogo (origem antrópica ou natural), o qual ocorre com frequência no município de Três Lagoas. Em Bocas del Pauto na Colômbia a cobertura vegetal de savana se recupera rapidamente após a queima, apesar das diferentes taxas de lotação de gado, ocorrendo mudanças substanciais na composição da vegetação e cobertura de várias formas, a escolha certa de ambos os fatores beneficia a produção de gado e a conservação da savana, devido ao fato de que muitas espécies nativas palatáveis podem ser mantidas após o fogo[28].

Conforme estudo da dinâmica pós-fogo da vegetação lenhosa de uma floresta de savana (Cerradão) na zona de transição Cerrado-Amazônia, os resultados indicam que o fogo alterou a composição e estrutura das espécies da vegetação lenhosa desse habitat e matou árvores, com indivíduos menores sendo mais afetados. A queima frequente da floresta de savana resultaria em uma mudança marcante na composição e estrutura das espécies de sua vegetação lenhosa[29].

Destacando a importância do fogo para os revisores do Código Florestal (Lei n.º 12.651, de 25 de maio de 2012)[30], Leopoldo Magno Coutinho conseguiu a inclusão do Capítulo IX, que permite o uso do fogo prescrito como instrumento de manejo da vegetação.

A proteção atual do Cerrado permanece fraca, onde as áreas protegidas públicas cobrem apenas 7,5% do bioma (comparado com 46% do Amazônia), e sob o Código Florestal do Brasil, apenas 20% (comparado com 80% no Amazônia) de terras privadas são obrigadas a serem reservadas para a conservação. Como resultado, 40% de área agora pode ser legalmente convertida à produção[31].

---

[27] BERNASOL; LIMA-RIBEIRO, 2010.

[28] HERRERA, A. H. *et al.* Changes in Vegetation of Flooded Savannas Subject to Cattle Grazing and Fire in Plains of Colombia. **Land**, [s. l.], v. 10, n. 2, p. 108, 2021. Disponível em: https://doi.org/10.3390/land10020108. Acesso em: 28 jan. 2021.

[29] REIS, S. M. *et al.* Post-fire dynamics of the woody vegetation of a savanna forest (Cerradão) in the Cerrado-Amazon transition zone. **Acta Botanica Brasilica**, [s. l.], v. 29, n. 3, p. 408-416, 2015. Disponível em: https://doi.org/10.1590/0102-33062015abb0009. Acesso em: 13 jan. 2019.

[30] COUTINHO, 2016.

[31] STRASSBURG *et al.*, 2017.

O Cerrado foi amplamente negligenciado até o período recente em relação a estudos científicos, especialmente quando comparado com o bioma Amazônia[32], o que dificulta o reconhecimento de padrões e tendências nas queimadas, na precipitação e nas mudanças de uso da terra[33]. No entanto[34], a expansão agrícola nos estados de Rondônia e Mato Grosso parece ser mais ambientalmente viável sobre as áreas de Cerrado, enquanto as áreas de floresta amazônica devem ser protegidas e restauradas para a conservação da natureza.

Além de não serem valorizados, os ecossistemas não florestais são geralmente mal compreendidos em sua forma e funcionamento e, até hoje, há quem acredite que savanas e campos tropicais são resultado da ação humana queimando florestas[35].

Esse bioma é a savana mais úmida do mundo. A água que evapora na Amazônia é levada ao Cerrado pelo vento. A chuva durante a estação chuvosa é uma fonte vital de água para culturas alimentares e milhões de pessoas na América do Sul e também o suprimento de água de muitos rios que abrigam um total de 800 espécies de peixes, dos quais quase 200 são encontradas apenas no Cerrado[36].

---

[32] BEUCHLE, R. et al. Land cover changes in the Brazilian Cerrado and Caatinga biomes from 1990 to 2010 based on a systematic remote sensing sampling approach. **Applied Geography**, [s. l.], v. 58, p. 116-127, 2015. Disponível em: https://doi.org/10.1016/J.APGEOG.2015.01.017. Acesso em: 12 jan. 2019.

[33] MATAVELI, G. A. V. et al. Boletim paulista de geografia. **Boletim Paulista de Geografia**, São Paulo, v. 96, p. 11-30, 2017.

[34] CERRI, C. E. P. et al. Reducing Amazon Deforestation through Agricultural Intensification in the Cerrado for Advancing Food Security and Mitigating Climate Change. **Sustainability**, [s. l.], v. 10, n. 4, p. 989, 2018. Disponível em: https://doi.org/10.3390/su10040989. Acesso em: 11 jan. 2019.

[35] DURIGAN, et al., 2018.

[36] DAMASCO et al., 2018.

4
FRAGMENTAÇÃO DO CERRADO

Com o advento da agricultura intensiva como opção agora tecnicamente viável e muito mais lucrativa, a vegetação natural do Cerrado tende a ser mantida apenas nas unidades de conservação e nas áreas de preservação permanente e reserva legal estabelecidas pelo Código Florestal[37]. Com a antropização do Cerrado, sua vegetação é suprimida, porém com o seu processo dinâmico de sucessão, vem se restabelecendo e recuperando a sua flora nativa[38].

O crescimento populacional somado ao desenvolvimento industrial levou a um consumo desordenado dos recursos naturais, o que ocasionou a fragmentação em todo o território brasileiro. Ao longo da história humana, as florestas naturais têm sido intensamente desmatadas devido ao desenvolvimento agrícola, silvícola e urbano, resultando em manchas isoladas espacialmente de florestas ou indivíduos por meio da paisagem[39].

Portanto, os ecossistemas naturais representam uma fonte imensurável de recursos genéticos atuais e potenciais ao homem, tanto como fonte direta de produtos como produzindo outros serviços. Grande parte desses recursos vem sendo destruída de modo irreversível, antes mesmo de seu inteiro conhecimento, exigindo medidas urgentes para a sua conservação. Ademais, a exploração desses recursos tem levado a uma depredação dos ecossistemas, como alterações profundas neles e consequências desastrosas ao meio ambiente[40].

A fragmentação introduz uma série de novos fatores na história evolutiva de populações naturais de plantas e animais. Essas mudanças

---

[37] DURIGAN, Giselda. Cerrado: técnicas e normas podem reduzir desmatamento. **Visão Agrícola**, Piracicaba, São Paulo, n. 4, p. 20-23, 2005. Disponível em: http://www.esalq.usp.br/visaoagricola/sites/default/files/va04-conservacao05.pdf. Acesso em: 10 jan. 2019.

[38] SILVA, J. C. da et al. Sucessão ecológica no Cerrado. **Boletim do Grupo de Pesquisa da Flora, Vegetação e Etnobotânica**, [s. l.], v. 1, n. 1, p. 33-47, 2012.

[39] LANDER, T. A.; BOSHIER, D. H.; HARRIS, S. A. Fragmented but not isolated: Contribution of single trees, small patches and long-distance pollen flow to genetic connectivity for Gomortega keule, an endangered Chilean tree. **Biological Conservation**, [s. l.], v. 143, n. 11, p. 2583-2590, 2010. Disponível em: https://doi.org/10.1016/j.biocon.2010.06.028. Acesso em: 10 jan. 2019.

[40] KAGEYAMA, P. Y. Consevação in situ de recursos genéticos de plantas. **Ipef**, [s. l.], n. 35, p. 7-37, 1987.

afetam de forma diferenciada os parâmetros demográficos de mortalidade e natalidade de diferentes espécies e, portanto, a estrutura e dinâmica de ecossistemas. No caso de espécies arbóreas, a alteração na abundância de polinizadores, dispersores, predadores e patógenos altera as taxas de recrutamento de plântulas; e os incêndios e mudanças microclimáticas, que atingem de forma mais intensa as bordas dos fragmentos, alteram as taxas de mortalidade de árvores[41].

Para conservar efetivamente o processo de dispersão de sementes em áreas fortemente impactadas, seria útil ser capaz de prever como essas forças podem afetar as síndromes de dispersão. Isso, por sua vez, requer uma compreensão dos mecanismos que resultam nos padrões de dispersão que observamos na natureza[42].

Em espécies arbóreas, cada espécie deve estar representada por populações viáveis e isso depende da existência de ampla variabilidade genética que possibilite ajustes às mudanças ambientais ao longo das gerações. Basicamente, existem duas estratégias de conservação denominadas *in situ* e *ex situ*, as quais não são excludentes, devendo ser consideradas como complementares[43]. Um dos interesses da conservação *in situ* é manter a diversidade genética dentro de populações selvagens em florestas naturais ou seminaturais possuindo a grande vantagem de permitir processos genéticos tal como o fluxo gênico dentro das espécies de interesse[44].

Pesquisas[45] dão apoio à hipótese de que a perda de área e o aumento da perturbação afetam a estrutura da vegetação de Cerrado, levando a um empobrecimento dessa vegetação e acarretando mudanças na sua composição. E que fragmentos menores não apenas estão mais sujeitos aos diversos efeitos decorrentes da fragmentação dos habitats (i.e., perda de área, efeito amostral, maior susceptibilidade aos efeitos de borda, maior grau de isolamento), mas também estão mais sujeitos às ações de fogo, gado

---

[41] VIANA, V. M.; PINHEIRO, L. a F. V. Conservação da biodiversidade em fragmentos florestais. **Série Técnica IPEF**, [s. l.], v. 12, n. tabela 1, p. 25-42, 1998.

[42] KARUBIAN, J.; DURÃES, R. Effects of seed disperser social brhavior on patterns of seed movement and deposition. **Oecologia Australis**, [s. l.], v. 13, n. 01, p. 45-57, 2009. Disponível em: https://doi.org/10.4257/oeco.2009.1301.04. Acesso em: 5 ago. 2020.

[43] KAGEYAMA, P. Y.; GANDARA, F. B.; VENCOVSKY, R. Conservação in situ de espécies arbóreas tropicais. **Recursos genéticos e melhoramento - plantas**. Rondonópolis: [s. n.], 2001. p. 149-158. Disponível em: http://bdpi.usp.br/single.php?_id=001188733. Acesso em: 8 jan. 2019.

[44] YOUNG, A. G.; BOYLE, T. J. Forest fragmentation. *In*: FOREST CONSERVATION GENETICS: PRINCIPLES AND PRACTICE. Wallingford: CABI, 2000. p. 123-134. Disponível em: https://doi.org/10.1079/9780851995045.0123. Acesso em: 8 jan. 2019.

[45] CARMO; VASCONCELOS; ARAÚJO, 2011.

e invasão por gramíneas exóticas. Medidas simples como a construção e manutenção de cercas e de aceiros no entorno desses fragmentos poderiam ajudar a mitigar esses efeitos e, assim, aumentar o seu valor de conservação.

O Cerrado, por sofrer grandes distúrbios, enquadra-se na sucessão secundária, que pode ser representada por esse modelo simples, que é composto de três fases da sucessão[46]. A primeira fase é composta de ervas e arbustos; a segunda fase pelas espécies pioneiras e a terceira fase por espécies secundárias tardias[47].

A importância dos fragmentos de pequena área é que agem como trampolins ecológicos (*stepping stones*), ou seja, servem de ligação entre os fragmentos de grandes áreas, biodiversidade, entre outros, melhorando o nível de heterogeneidade da matriz e servindo como abrigo de espécies endêmicas[48]. Assim, fragmentos com grandes extensões são vitais para manutenção da biodiversidade e de processos ecológicos de maiores proporções.

Trampolins ecológicos são pequenas ilhas florestadas que aumentam a heterogeneidade na paisagem estimulando movimentos saltitantes de dispersão para muitas espécies. Esses movimentos promovem a recolonização de fragmentos recipientes pelo mosaico fragmentado, além de aumentar o fluxo gênico e a diversidade genética das espécies[49].

Mudas sem sinais de depressão por endogamia (por exemplo, mudas que apresentem sinais de albinismo, crescimento e desenvolvimento lento e presença de doenças), oriundas de árvores isoladas à beira de estradas e pastagens e de pequenos fragmentos, podem ser utilizadas, contribuindo com genes e genótipos diferentes dos presentes em outras grandes populações da espécie, aumentando o tamanho efetivo da população[50]. As árvores de beira de estrada são uma representação da vegetação de Cerrado ou florestal, assim esses espaços podem ser considerados fragmentos da vegetação original que podem ser usados como fonte de produção de sementes.

---

[46] SILVA, J. C. Da *et al.*, 2012.
[47] FINEGAN, B. The management potential of neotropical secondary lowland rain forest. **Forest Ecology and Management**, [*s. l.*], v. 47, n. 1-4, p. 295-321, 1992. Disponível em: https://doi.org/10.1016/0378-1127(92)90281-D. Acesso em: 13 jan. 2019.
[48] FORMAN; GODRON, 1986.
[49] GANDARA, F. B.; KAGEYAMA, P. Y. Biodiversidade e dinâmica em sistemas agroflorestais. *In*: MACÊDO, J. L. V. de; WANDELLI, E. V.; JÚNIOR, J. P. da S. (org.). **3 Congresso Brasileiro de Sistemas Agroflorestais**. Manaus: Embrapa Amazônia Ocidental; Documentos 17, 2001. p. 25-32.
[50] POTASCHEFF, C. M. *et al.* Stepping stones or stone dead? Fecundity, pollen dispersal and mating patterns of roadside Qualea grandiflora Mart. trees. **Conservation Genetics**, [*s. l.*], v. 20, n. 6, p. 1355-1367, 2019. Disponível em: https://doi.org/10.1007/s10592-019-01217-w. Acesso em: 1 jul. 2021.

5

ESPÉCIES ARBÓREAS ÚTEIS

Temos hoje a vegetação natural reduzida a fragmentos degradados. Esses fragmentos formam mosaicos que compõem a paisagem atual. Por outro lado, remanescentes mesmos degradados são fontes de recursos ainda pouco explorados. Recursos esses que não estão relacionados à madeira e sim a produtos como mel, óleos, frutos, resinas, essências e outros. Produtos nobres e poucos valorizados são os produtos não madeireiros.

As espécies arbóreas nos fragmentos de Cerrado podem ser consideradas fornecedoras de produtos não madeireiros e madeireiros e também de serviços. Esses serviços são: sombra, proteção do solo, proteção das águas, ciclagem de nutrientes, melhora do clima e controle de pragas, doenças, entre outros[51].

As progressivas alterações na paisagem são uma ameaça ao turismo local; metade dos turistas entrevistados declarou ser atraída somente pela beleza cênica, sobrepujando outros bens e serviços naturais considerados importantes por gestores e administradores públicos, como a pesca recreativa e o passeio de barco.

Nas formações florestais, uma pequena parte é formada por espécies vegetais que não são maioria, mas que constituem, porém, as espécies mais utilizadas no manejo pelo homem. Dentro desse grupo, as espécies arbóreas têm-se destacado pela importância que a madeira possui como recurso imediato e com tecnologia facilmente utilizável. Porém, os recursos não madeireiros, tanto de espécies arbóreas como de ervas, arbustos, lianas e epífitas, são apontados como mais apropriados ao manejo sustentável, principalmente por comunidades de produtores familiares. Por ser o grupo mais destacado e utilizado, dar-se-á mais ênfase para as espécies arbóreas, tanto de uso madeireiro como não madeireiro, já que são as espécies mais estudadas quanto ao manejo[52].

---

[51] CARVALHO, 2007.
[52] KAGEYAMA, P. Y. Diversidade das florestas tropicais deve ser preservada. **Visão Agrícola**, Piracicaba, São Paulo, n. 4, p. 10-11, 2005.

Nos fragmentos há espécies com potencial para produção de sementes para fins de recuperação de áreas degradadas, reserva legal e áreas de preservação permanente, pela exigência do Código Florestal Brasileiro. Sendo esses locais remanescentes únicos para tais finalidades, devido a não haver outros locais para essas coletas de germoplasma. Outros pontos importantes são a etnobotânica e o histórico das espécies arbóreas, que devem ser levados em consideração, tais como os usos específicos: produtos madeireiros (cabo de ferramentas, cabo de vassoura, carrocerias, coronhas de armas, peças torneadas, caibros, janelas e venezianas, portões e portas, ripas, tabuados, vigas, construção naval, carvão, lenha, carpintaria e marcenaria, chapas e compensados, laminação, móveis, painéis), produtos não madeireiros (apícola, medicinal, ornamental, óleo).

O Cerrado tem grande importância social. Muitas populações sobrevivem de seus recursos naturais, incluindo etnias indígenas, ribeirinhos, babaçueiras, fazendeiros e comunidades quilombolas que, juntas, fazem parte do patrimônio histórico e cultural brasileiro, e detêm um conhecimento tradicional de sua biodiversidade. Mais de 220 espécies têm uso medicinal e 416 podem ser usadas na recuperação de solos degradados, como barreiras contra o vento, proteção contra a erosão, ou para criar habitat de predadores naturais de pragas. Mais de 10 tipos de frutos comestíveis são regularmente consumidos pela população local e vendidos nos centros urbanos, como os frutos do Pequi (*Caryocar brasiliense*), Buriti (*Mauritia flexuosa*), Mangaba (*Hancornia speciosa*), Cagaita (*Eugenia dysenterica*), Bacupari (*Salacia crassifolia*), Cajuzinho do Cerrado (*Anacardium humile*), Araticum (*Annona crassifolia*) e as sementes do Baru (*Dipteryx alata*)[53]. O conhecimento, a utilização sustentável e a valorização da biodiversidade do Cerrado passam a ser motivos para sua conservação, concomitante à conservação dos recursos naturais como água e solo.

Entre essas espécies arbóreas está a *Copaifera langsdorffii* (Leguminosae-Caesalpinioideae), espécie secundária tardia a clímax, caracterizando-se como espécie heliófita tolerante a sombra. Pode ser encontrada em vários estágios de sucessão, desde áreas totalmente degradadas até aquelas com dossel em fechamento[54]. É uma árvore longeva e ocorre em regiões fitoecológicas distintas, tais como: Cerrado, Cerradão, Caatinga, Floresta Estacional Semidecidual, Decidual, Ombrófila Densa, na formação Aluvial, Montana e Submontana,

---

[53] MINISTÉRIO DO MEIO AMBIENTE. **Cerrado**. [S. l.], 2013. Disponível em: http://www.mma.gov.br/biomas/Cerrado. Acesso em: 9 maio 2013.

[54] SALGADO, M. A. de S. *et al*. Crescimento e repartição de biomassa em plântulas de Copaifera langsdorffii Desf. submetidas a diferentes níveis de sombreamento em viveiro. **Brasil Florestal**, [s. l.], n. 70, p. 13-21, 2001.

na Campinarana e nos campos rupestres, do nordeste da Argentina, sul da Bolívia, norte do Paraguai e no Brasil, em todos os estados das regiões Sudeste e Centro-Oeste e nos estados da Bahia, Ceará, Paraíba, Pernambuco, Piauí, Rio Grande do Norte, Rondônia e Tocantins[55]. Atualmente, a espécie *Copaifera langsdorffii* é encontrada somente em pequenos fragmentos florestais, isolados ou árvores isoladas como em pastos ou ao longo das estradas[56].

A palmeira gigante chamada "buriti" (*Mauritia flexuosa*), que cresce em campos pantanosos e florestas, é importante para muitas aves para nidificação e alimentação, e uma das aves mais emblemáticas que nidifica nessa palmeira é a arara-de-garganta-azul[57].

Pesquisadores analisaram o mercado de produtos não madeireiros do Cerrado brasileiro (a amêndoa de babaçu, o óleo de copaíba, a fibra de buriti, a folha de jaborandi, a casca de barbatimão, a casca de angico, o fruto da mangaba e a amêndoa de pequi) e observaram uma crescente valorização dos produtos não madeireiros do Cerrado, porém encontraram algumas incoerências quando comparados os dados do IBGE com as pesquisas realizadas nas áreas extrativas, percebeu-se que esses dados subestimam a produção dos não madeireiros do Cerrado. Isso evidenciou o pouco conhecimento a respeito do quanto o extrativismo, enquanto atividade econômica, representa para o país[58].

A ampliação da geração de renda e melhoria da qualidade de vida no Assentamento Andalúcia, com ênfase no aproveitamento dos recursos vegetais do Cerrado sul-mato-grossense, agregando valores ao produto, produzindo e estabelecendo mudas do baru, envolvendo a comunidade como um todo. E esse cenário poderá incentivar novas iniciativas extrativistas para os assentamentos rurais em áreas de fragmentos do estado, melhorando as condições socioeconômicas e a qualidade de vida, favorecendo o processo de desenvolvimento local com sustentabilidade[59].

---

[55] CARVALHO, P. E. R. **Espécies arbóreas brasileiras**. Brasília: Embrapa Informação Tecnológica, 2003.

[56] CARVALHO, A. C. M. de *et al.* Diversidade genética, endogamia e fluxo gênico em pequena população fragmentada de Copaifera langsdorffii. **Brazilian Journal of Botany**, [s. l.], v. 33, n. 4, p. 599-606, 2010. Disponível em: https://doi.org/10.1590/s0100-84042010000400008. Acesso em: 10 jan. 2019; MANOEL, R. O. *et al.* Contemporary pollen flow, mating patterns and effective population size inferred from paternity analysis in a small fragmented population of the Neotropical tree Copaifera langsdorffii Desf. (Leguminosae-Caesalpinioideae). **Conservation Genetics**, [s. l.], v. 13, n. 3, p. 613-623, 2012. Disponível em: https://doi.org/10.1007/s10592-011-0311-0. Acesso em: 10 jan. 2019.

[57] DAMASCO *et al.*, 2018.

[58] AFONSO *et al.*, 2009.

[59] ARAKAKI *et al.*, 2009.

6

CONSERVAÇÃO DO CERRADO

Nos tempos atuais, a problemática ambiental tem emergido devido a vários fatores, como: poluição, aumento populacional, exploração inadequada dos recursos naturais. Dentre essas alterações, a redução da vegetação natural e o consequente desaparecimento de várias espécies que comprometem o patrimônio genético.

Todos esses desenvolvimentos colocam em risco a diversidade genética das espécies arbóreas nativas, assim, a conservação dos genes está se tornando cada vez mais uma medida importante para manter a valiosa diversidade genética[60].

As mudanças afetam de forma diferenciada os parâmetros demográficos de mortalidade e regeneração de diferentes espécies e, portanto, a estrutura e dinâmica de ecossistemas. No caso de espécies arbóreas, a alteração na abundância de polinizadores, dispersores, predadores e patógenos modifica as frequências alélicas e consequentemente a dinâmica das populações.

A convergência adaptativa das espécies vegetais nativas do Cerrado está nas estratégias adaptativas às condições físicas do Cerrado que indicam que a vegetação desse bioma é antiga e que as condições físicas do ambiente permaneceram similares, ao ponto de a seleção natural ajustar as frequências dos genes responsáveis por essas adaptações ao longo do tempo[61]. Espécie como a *Calliandra* sect. *Monticola* (Fabaceae) é um gênero que provavelmente se originou em habitats de floresta tropical sazonalmente secos[62], implicando em uma evolução adaptativa.

---

[60] DEGEN, B.; SEBBENN, A. M. Genetics and Tropical Forests. *In*: TROPICAL FORESTRY HANDBOOK. Berlin. **Heidelberg**: Springer Berlin Heidelberg, 2014. p. 1-30. Disponível em: https://doi.org/10.1007/978-3-642-41554-8_75-1. Acesso em: 10 jan. 2019.

[61] RIDLEY, M. **Evolução**. Porto Alegre: Artmed Editora, 2006; SCARIOT; SOUSA-SILVA; FELFILI, 2005.

[62] SOUZA, É. R. *et al*. Phylogeny of Calliandra (Leguminosae: Mimosoideae) based on nuclear and plastid molecular markers. **Taxon**, [*s. l.*], v. 62, n. 6, p. 1200-1219, 2013. Disponível em: https://doi.org/10.12705/626.2. Acesso em: 11 jan. 2019.

O entendimento de como os processos ecológicos e padrões ocorrem na paisagem é vital para o manejo e conservação da biodiversidade[63]. A missão da ecologia de paisagens é compreender como os aspectos espaciais influenciam essas características ecológicas ao longo do tempo e do espaço, permitindo explicar tais feições e, por conseguinte, fazer predições e colocar em prática ações adequadas de manejo[64]. Entre os aspectos espaciais apontados como centrais para a conservação da biodiversidade, a conectividade das manchas, isto é, dos fragmentos, tem sido relacionada à probabilidade de (re)colonização[65], e com o efeito de resgate, processos-chave são determinantes para a manutenção de populações em paisagens fragmentadas[66].

A fragmentação diminui o tamanho efetivo das espécies arbóreas reprodutivas restantes, o que leva à perda de variabilidade genética das gerações futuras nesses locais. O impacto de fragmentação na genética das espécies depende do tamanho reprodutivo da população restante e os níveis de pólen e de fluxo de sementes dentro e entre os fragmentos restantes[67].

As árvores, por seu grande porte e longevidade, são os organismos-chave dos ecossistemas florestais[68]. O isolamento de populações de espécies arbóreas em pequenos fragmentos reduz o número de indivíduos reprodutivos, a densidade populacional, e pode afetar processos genéticos como deriva genética, fluxo de genes, seleção e sistema de reprodução[69], além de poder isolar reprodutivamente populações e aumentar a estrutura genética espacial dentro das populações. Imediatamente após a fragmentação, com a redução do tamanho das populações, tem-se um efeito de gargalo

---

[63] TURNER, M. G. Landscape Ecology: The Effect of Pattern on Process. **Annual Review of Ecology and Systematics**, [s. l.], v. 20, n. 1, p. 171-197, 1989. Disponível em: https://doi.org/10.1146/annurev.es.20.110189.001131. Acesso em: 10 jan. 2019.

[64] *Ibidem*.

[65] FAHRIG, L.; MERRIAM, G. Habitat Patch Connectivity and Population Survival. **Ecology**, [s. l.], v. 66, n. 6, p. 1762-1768, 1985. Disponível em: https://doi.org/10.2307/2937372. Acesso em: 10 jan. 2019.; HANSKI, I.; SIMBERLOFF, D. The Metapopulation Approach, Its History, Conceptual Domain, and Application to Conservation. **METAPOPULATION BIOLOGY**. [s. l.]: Academic Press, 1997. p. 5-26. Disponível em: https://doi.org/10.1016/B978-012323445-2/50003-1. Acesso em: 10 jan. 2019.

[66] HANSKI; SIMBERLOFF, 1997.

[67] WANG, J. *et al*. Contemporary pollen flow and mating patterns of a subtropical canopy tree Eurycorymbus cavaleriei in a fragmented agricultural landscape. **Forest Ecology and Management**, [s. l.], v. 260, n. 12, p. 2180-2188, 2010. Disponível em: https://doi.org/10.1016/J.FORECO.2010.09.016. Acesso em: 10 jan. 2019.

[68] RAJORA, O. P. *et al*. Microsatellite DNA analysis of genetic effects of harvesting in old-growth eastern white pine (Pinus strobus) in Ontario, Canada. **Molecular ecology**, [s. l.], v. 9, n. 3, p. 339-348, 2000. Disponível em: http://www.ncbi.nlm.nih.gov/pubmed/10736031. Acesso em: 10 jan. 2019.

[69] YOUNG, A. G.; BOYLE, 2000.

na diversidade genética das espécies, causado pela redução no número de indivíduos nas populações. Essa redução pode causar a perda de alelos e redução na heterozigosidade[70].

Para as plantas, os eventos reprodutivos, como floração e frutificação, são estágios críticos em seus ciclos de vida, que também afetam muito outros organismos, dependendo desses recursos[71]. Espécies de campo rupestre desenvolveram estratégias para maximizar o fluxo gênico via pólen entre as populações, mas há numerosos casos em que a reprodução vegetativa evoluiu, provavelmente refletindo adaptações às condições locais do solo[72].

Uma ferramenta de conservação ambiental é conhecer os fragmentos e aplicar técnicas para aumentar a conectividade entre esses fragmentos, por meio das Áreas de Preservação Permanentes, Reserva Legal, Recuperação de Áreas Degradadas. É despertar o interesse da sociedade brasileira pelas espécies arbóreas e seus produtos não madeireiros que garantirá a conservação dos fragmentos de Cerrado.

A conservação genética *in situ* numa forma ideal, considerando o caráter de continuidade de evolução das populações em conservação, pressupõe uma preservação em longo prazo, o que tem implicações com a preservação da variabilidade suficiente para as populações, com o tamanho de reservas para sua estabilidade, e com a questão do uso atual ou potencial para o recurso genético preservado[73].

A abordagem *in situ* visa conservar as populações de árvores distribuídas em área natural com tamanho suficiente. A conservação *in situ* do gene deve ser sempre a primeira escolha, porque essa conservação não é estática e permite que os processos genéticos da população, como a seleção genética, continuem. Assim, a composição genética das unidades de conservação de genes *in situ* ainda está sujeita a adaptações contínuas[74].

---

[70] YOUNG, A.; BOYLE, T.; BROWN, T. The population genetic consequences of habitat fragmentation for plants. **Trends in Ecology & Evolution**, [s. l.], v. 11, n. 10, p. 413-418, 1996. Disponível em: https://doi.org/10.1016/0169-5347(96)10045-8. Acesso em: 10 jan. 2019.

[71] ROCHA, N. M. W. B. *et al*. Phenology Patterns Across a Rupestrian Grassland Altitudinal Gradient. **ECOLOGY AND CONSERVATION OF MOUNTAINTOP GRASSLANDS IN BRAZIL**. Cham: Springer International Publishing, 2016. p. 275-289. Disponível em: https://doi.org/10.1007/978-3-319-29808-5_12. Acesso em: 11 jan. 2019.

[72] SILVEIRA, F. A. O. *et al*. Ecology and evolution of plant diversity in the endangered campo rupestre: a neglected conservation priority. **Plant and Soil**, [S. l.], v. 403, n. 1-2, p. 129-152, 2016. Disponível em: https://doi.org/10.1007/s11104-015-2637-8. Acesso em: 11 jan. 2019.

[73] KAGEYAMA, 1987.

[74] DEGEN; SEBBENN, 2014.

Para Moraes, Mori e Rodrigues[75] fica evidente que a conservação *in situ* e/ou *ex situ* das populações das espécies arbóreas dentro dos principais biomas passou a ser uma atividade de suma importância. Sendo uma necessidade de conservação, restauração e segurança alimentar, existindo uma grande demanda por informações genéticas sobre plantas nativas[76].

Portanto a adoção de instrumentos legais estaduais orientadores das ações de restauração ecológica, logicamente respeitando-se o contexto de cada situação particular, pode servir como importante ferramenta de política pública ambiental e induzir a restauração[77].

6.1 Área de Coleta de Sementes

As espécies arbóreas que ocorrem no Cerrado têm um potencial enorme para diversos empregos, como alimentícios, medicinais, paisagísticos, serviços, entre outros. E pouco se sabe sobre as populações dessas espécies arbóreas de Cerrado, e muita informação sobre a dinâmica reprodutiva e estrutura ecológica se perdeu devido à produção agrícola no Cerrado, que são os *commodities* como soja, milho, algodão, pecuária e eucalipto.

Essa dinâmica agrícola faz com que a vegetação de Cerrado se torne um mosaico de remanescentes que são as Reserva Legal e Áreas de Preservação Permanente, que são fontes produtoras de semente. Esses fragmentos de Cerrado se tornam fonte importante de produção de sementes e outros produtos não madeireiros com valor imensurável. Que podem ser entendidas conforme o Sistema Nacional de Sementes e Mudas (SNSM)[78] por Área de Coleta de Sementes (ACS), que são as populações de espécie vegetal, nativa ou exótica, natural ou plantada, caracterizada onde são coletadas sementes ou outro material de propagação.

Com a aprovação da Lei 10.711 de 2003, que institui o Sistema Nacional de Sementes e Mudas regulamentado pelo Decreto 10.586 de 18 de dezembro de 2020 (Decreto 5.153 de 23 de julho de 2004 – Revogado), os

---

[75] MORAES; MORI; RODRIQUES, 2006.

[76] TARAZI, R. *et al*. High levels of genetic differentiation and selfing in the Brazilian Cerrado fruit tree Dipteryx alata Vog. (Fabaceae). **Genetics and Molecular Biology**, [s. l.], v. 33, n. 1, p. 78-85, 2010. Disponível em: https://doi.org/10.1590/S1415-47572010005000007. Acesso em: 20 jan. 2019.

[77] BRANCALION, P. H. S. *et al*. Instrumentos legais podem contribuir para a restauração de florestas tropicais biodiversas. **Revista Árvore**, [s. l.], v. 34, n. 3, p. 455-470, 2010. Disponível em: https://doi.org/10.1590/S0100-67622010000300010. Acesso em: 20 jan. 2019.

[78] BRASIL. **Lei Federal nº 10.711, 5 de agosto de 2003**. [S. l.], 2003. Disponível em: http://www.planalto.gov.br/ccivil_03/leis/2003/L10.711.htm. Acesso em: 20 dez. 2018.

produtores de mudas e sementes florestais são obrigados a utilizar sementes de origem comprovadamente que cumpra todos os requisitos legais para garantir sua qualidade[79].

No entanto as espécies arbóreas podem apresentar dormência, germinação e persistência das sementes que são características que estão fortemente ligadas a fatores climáticos e disponibilidade de nutrientes após o fogo, e são, portanto, questões importantes para entender a ecologia da regeneração[80]. Para Sá[81] as sementes de melhor qualidade são geneticamente puras, de alto poder germinativo, alto vigor, livres de danos mecânicos, enfermidades e contaminantes, padronizadas e de boa aparência geral.

Ao contrário da maioria das principais culturas agrícolas, as sementes florestais nativas, em seu estado natural, comportam uma grande variabilidade genética, resultando em uma ampla variedade de características morfológicas e fisiológicas que são essenciais para o comportamento ecológico de indivíduos da mesma espécie[82].

A produção de sementes de alta qualidade é muito importante para qualquer programa de produção de mudas para plantios comerciais e de reabilitação de Reserva Legal ou Área de Preservação Permanente, assim como de conservação dos recursos genéticos[83].

Para a coleta de sementes, devem ser selecionadas as árvores em função de suas características de forma e vigor, tendo como perspectiva a manutenção dos aspectos desejáveis para a espécie[84]. Coletam-se sementes de árvores-mãe selecionadas em extensas áreas, essa seleção envolve várias características, tais como: adaptação, retidão, quantidade e dimensões de ramos, tolerância a geadas, insetos, doenças etc.[85].

---

[79] Ibidem.
[80] SILVEIRA et al., 2016.
[81] SÁ, 1994.
[82] SANTOS, A. R. dos et al. Geotechnology and landscape ecology applied to the selection of potential forest fragments for seed harvesting. **Journal of Environmental Management**, [s. l.], v. 183, p. 1050-1063, 2016. Disponível em: https://doi.org/10.1016/J.JENVMAN.2016.09.073. Acesso em: 12 jan. 2019.
[83] NOGUEIRA, A. C. Coleta, Manejo, Armazenamento e Dormência de Sementes. In: GALVÃO, A. P. M.; MEDEIROS, A. C. de S. (org.). **Restauração da Mata Atlântica em áreas de sua primitiva ocorrência natural**. Colombo: Embrapa Florestas, 2002. p. 45-52.
[84] MARTINS, S. S. et al. **Produção de mudas de espécies florestais nos viveiros do Instituto Ambiental do Paraná**. Maringá: Clichetec, 2004.
[85] STURION, J. A. Produção de sementes florestais melhoradas. In: GALVÃO, A. P. M. (org.). **Reflorestamento de propriedades rurais para fins produtivos e ambientais: um guia para ações municipais e regionais**. Embrapa Coed. Colombo: Embrapa Florestas, 2000. p. 71-76.

Após a identificação das árvores matrizes, vêm as coletas de propágulos, que podem ocorrer em área natural de coleta de sementes alterada ou não. Isso envolve um conjunto de problemas, destacando-se o tamanho das populações e sua distribuição, que pode ser disjunta, de difícil delimitação, dificultando a estratégia de coleta a ser empregada, devendo ser específica para cada situação, levando em conta os fatores climáticos, ecológicos e logísticos[86].

O Sistema Nacional de Sementes e Mudas foi instituído pela Lei N.º 10.711, de 5 de agosto de 2003, que normatiza a identidade e a qualidade do material de multiplicação e de reprodução vegetal produzido, comercializado e utilizado em todo o território nacional e foi regulamentada pelo Decreto N.º 5.153, de 23 de julho de 2004 (Revogado).

O Decreto 5.153, de 23 de julho de 2004, tratava no capítulo XII especificamente das sementes e mudas das espécies florestais, nativas ou exóticas, e das de interesse medicinal ou ambiental, e estabelecia os seguintes dispositivos em relação às ACS:

I. Área Natural de Coleta de Sementes (ACS-NS): população vegetal natural, sem necessidade de marcação individual de matrizes, onde são coletadas sementes ou outros materiais de propagação;

II. Área Alterada de Coleta de Sementes (ACS-AS): população vegetal, nativa ou exótica, natural antropizada ou plantada, onde são coletadas sementes ou outros materiais de propagação, sem necessidade de marcação e registro individual de matrizes;

III. Área Natural de Coleta de Sementes com Matrizes Marcadas (ACS-NM): população vegetal natural, com marcação e registro individual de matrizes, das quais são coletadas sementes ou outros materiais de propagação;

IV. Área Alterada de Coleta de Sementes com Matrizes Marcadas (ACS-AM): população vegetal, nativa ou exótica, natural antropizada ou plantada, com marcação e registro individual de matrizes, das quais são coletadas sementes ou outro material de propagação;

V. Área de Coleta de Sementes com Matrizes Selecionadas (ACS--MS): população vegetal, nativa ou exótica, natural ou plantada,

---

[86] MEDEIROS, A. C. S.; NOGUEIRA, A. C. Planejamento da coleta de sementes florestais nativas. **Circular Técnica EMBRAPA Florestas**, Colombro, Parana, n. 126, p. 1-9, 2006. Disponível em: https://www.infoteca.cnptia.embrapa.br/infoteca/bitstream/doc/293956/1/circtec126.pdf. Acesso em: 26 set. 2018.

selecionada, onde são coletadas sementes ou outro material de propagação, de matrizes selecionadas, devendo-se informar o critério de seleção.

O Decreto 10.586 de 18 de dezembro de 2020 regulamentador da Lei N.º 10.711, de 5 de agosto de 2003, no capítulo VI, que trata especificamente das espécies florestais e das espécies de interesse medicinal ou ambiental, estabelece os seguintes dispositivos em relação às ACS:

I. área de coleta de sementes: área demarcada que contém uma ou mais espécies florestais ou de interesse medicinal ou ambiental, natural ou plantada, onde são coletadas sementes ou outro material de propagação;

II. área de produção de sementes: área selecionada, demarcada e que contém uma ou mais espécies florestais ou de interesse medicinal ou ambiental, natural ou plantada, isolada de pólen externo, onde são selecionadas matrizes por meio do desbaste dos indivíduos indesejáveis e manejadas para a produção de sementes ou de outro material de propagação.

As áreas de coleta de sementes que fornecerão materiais de propagação deverão ser inscritas no Renam (Registro Nacional de Áreas e Matrizes). E às espécies nativas é obrigatório o registro no Renam das matrizes das ACS-NM, ACS-AM e ACS-MS.

Atualmente, o maior gargalo para produção de mudas com diversidade requerida está na obtenção de sementes de espécies nativas[87].

Uma forma rápida de conhecer a composição das espécies arbóreas nos fragmentos de Cerrado com potencial de uso para restauração ambiental e como está a diversidade de espécies nesses ambientes antropizados é a avaliação da estrutura diamétrica das espécies de interesse e com potencial de usos múltiplos.

Portanto o conhecimento da flora associada a diferentes condições ambientais facilita a escolha de espécies para o plantio. Porém, há problemas, como a falta de tecnologia para a obtenção de sementes e produção

---

[87] YAMAZOE, G.; BÔAS, O. V. **Manual de pequenos viveiros florestais**. São Paulo: Páginas & Letras Editora e Gráfica, 2003.

de mudas da maioria das espécies, principalmente aquelas do Cerrado, demonstrando a necessidade de novas tecnologias[88].

Para ampliar a restauração ecológica, bem como aumentar sua eficácia, há necessidade clara e urgente – no Brasil e em qualquer outro lugar – de educação, capacitação e divulgação[89].

---

[88] SAITO, M. et al. Ocorrência de espécies vegetais em diferentes condições de habitat e etapas do processo sucessional na região de Assis, SP. In: BÔAS, O. V.; DURIGAN, G. (org.). **Pesquisa em conservação e recuperação ambiental do Oeste Paulista:** resultados da cooperação Brasil/Japão/Instituto Florestal. Secretariaed. São Paulo: Páginas & Letras Editora e Gráfica, 2004. p. 241-264.

[89] ARONSON, J. et al. What Role Should Government Regulation Play in Ecological Restoration? Ongoing Debate in São Paulo State, Brazil. **Restoration Ecology**, [s. l.], v. 19, n. 6, p. 690-695, 2011. Disponível em: https://doi.org/10.1111/j.1526-100X.2011.00815.x. Acesso em: 20 jan. 2019.

7

PERCURSOS DA PESQUISA

A vegetação na região de estudo é caracterizada por diferentes fitofisionomias do Cerrado incluindo uma gradação de ambientes savânicos de Cerrado *sensu stricto* a florestais, também denominado de Cerradão. Os fragmentos possuem distribuição de árvores e arbustos de grande porte com vegetação herbácea entre elas (Cerrado *sensu stricto*) e regiões compostas por árvores (Cerradão)[90]. Os fragmentos de Cerrado estudados estão localizados em zona de transição entre o Bioma Cerrado e Mata Atlântica, com características de ambos, podendo ser considerada um ecótono, e associado ao intenso antropismo da região, torna difícil a caracterização das fitofisionomias. Ecótono é o contato entre dois tipos de vegetação com estruturas fisionômicas semelhantes ficando muitas vezes imperceptível[91].

O solo é classificado como Latossolo Vermelho Escuro, segundo o Sistema Brasileiro de Classificação de Solos[92]. O clima local é considerado tropical com a presença da estação de inverno seco, classificado como tipo Aw no sistema de classificação de Köppen[93], com temperatura média anual de 22,9 ºC e precipitação anual de 1.456 mm[94][95]. A região de estudo apresenta temperatura média anual de 23,1 ºC e a precipitação média anual de 1.417 mm, e cinco meses com défice hídrico. A evapotranspiração potencial anual é da ordem de 1.172 mm, índice de aridez 5,5 e o índice de umidade efetiva 21,2. De acordo com a classificação climática de Thornthwaite, a região apresenta clima do tipo $B_1rA'a'$, denominado clima úmido, com deficiência de água pequena ou nula, megatérmico e concentração da evapotranspiração no verão igual a 32,1%.

---

[90] OLIVEIRA-FILHO, A. T.; RATTER, J. A. Vegetation physiognomies and woody flora of the Cerrado Biome. *In*: OLIVEIRA, P. S.; MARQUIS, R. J. (org.). **The Cerrados of Brazil:** ecology and natural history of a Neotropical savanna. New York: Columbia University Press, 2002. p. 91-120.

[91] VELOSO, H. P.; FILHO, A. L. R. R.; LIMA, J. C. A. **Classificação da vegetação brasileira, adaptada a um sistema universal.** Rio de Janeiro: IBGE, Departamento de Recursos Naturais e Estudos Ambientais, 1991.

[92] SANTOS, H. G. *et al.* **Sistema Brasileiro de Classificação de Solos.** 5. ed. Brasília: Embrapa, 2018.

[93] ALVARES, C. A. *et al.* Köppen's climate classification map for Brazil. **Meteorologische Zeitschrift**, [*s. l.*], v. 22, n. 6, p. 711-728, 2013. Disponível em: https://doi.org/10.1127/0941-2948/2013/0507. Acesso em: 4 ago. 2020.

[94] FLORES, T. *et al.* **Eucalyptus no Brasil:** zoneamento climático e guia para identificação. Piracicaba: IPEF, 2016.

[95] OLIVEIRA NETO, 2000.

O estudo foi realizado em fragmentos do Bioma Cerrado em sete fazendas no município de Três Lagoas (MS) (Figura 1), algumas com mais de um fragmento (Tabela 1). A distância em quilômetros entre os fragmentos variou de 3,0 a 64,8 km (Tabela 2).

Tabela 1 – Identificação e localização geográfica dos fragmentos estudados no Município de Três Lagoas, MS

Fazendas	Fragmentos	Oeste	Norte	Altitude (m)	Área (ha)
Curucaca	C1	384457,059	7708957,813	385	118,42
	C2	384238,349	7711953,548	385	216,53
	C3	378922,321	7711618,635	385	126,28
	C4	379892,400	7708784,483	368	154,19
Duas Marias	DM	360755,148	7677567,782	363	3787,30
Barra do Moeda	BM1	417052,418	7681753,823	269	368,59
	BM2	417016,800	7675930,776	282	615,51
Rodeio	R	417714,087	7700710,742	387	725,57
Rio Verde A	RVA1	380895,818	7684751,302	358	986,83
	RVA2	375037,191	7688397,982	339	1442,95
	RVA3	368602,179	7686612,163	351	605,93
São Marcos	SM	355778,073	7697130,112	320	1586,31
Santa Luzia	SL1	408709,028	7663904,410	284	517,89
	SL2	408733,714	7670775,137	284	113,77
				TOTAL	11.366,07

Localização geográfica em UTM, zona 22K, Datum SIRGAS 2000.
Fonte: Elaboração do próprio autor

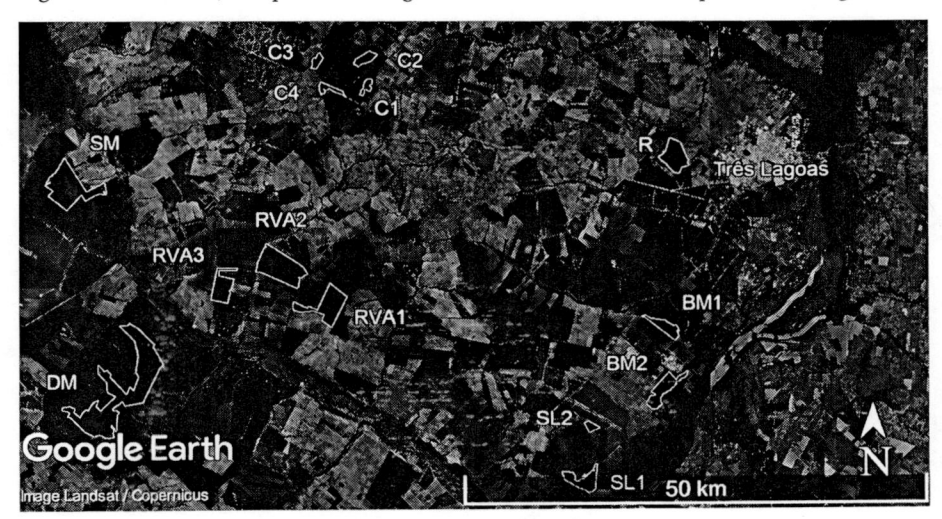

Figura 1 – Distribuição espacial dos fragmentos estudados no município de Três Lagoas, MS

Fonte: Google Earth Pro, 2019. Elaboração do próprio autor

Na matriz de distâncias entre os fragmentos, pode-se observar as variações nas distâncias que ocorrem dentro das fazendas e entre elas (Tabela 2). Essas distâncias entre as fazendas são em linha reta. Dentro da Fazenda Curucaca as distâncias entre os quatro fragmentos foram de 3,00 a 6,14 km. Na Rio Verde A de 6,68 a 12,43 km entre os três fragmentos. Nas fazendas com dois fragmentos as distâncias foram de 5,82 km para Barra do Moeda e 6,87 para Santa Luzia.

Considerando as fazendas como localidades de comunidades dos fragmentos, pode-se observar que as distâncias entres essas localidades foram de 9,76 a 64,80 km. Observando de uma localidade para as demais, tem-se as seguintes distâncias da Barra do Moeda (9,76 a 64,80); Santa Luzia (9,76 a 62,50 km); Duas Marias (11,97 a 61,48 km); Rio Verde A (11,97 a 51,10 km); Santa Maria (16,59 a 64,80 km); Rodeio (18,97 a 62,04 km); Curucaca (20,96 a 56,25 km).

Tabela 2 – Matriz de distâncias (km) entre os fragmentos no município de Três Lagoas, MS

	C1	C2	C3	C4	DM	BM1	BM2	R	RVA1	RVA2	RVA3	SM	SL1
C2	3,00	-											
C3	6,14	5,33	-										
C4	4,57	5,38	3,00	-									
DM	39,33	41,64	38,59	36,62	-								
BM1	42,46	44,60	48,43	45,95	56,45	-							
BM2	46,38	48,70	52,20	49,57	56,29	5,82	-						
R	34,26	35,31	40,30	38,67	61,48	18,97	24,79	-					
RVA1	24,47	27,41	26,94	24,05	21,38	36,28	37,18	40,13	-				
RVA2	22,62	25,29	23,54	20,96	17,92	42,54	43,79	44,42	6,90	-			
RVA3	27,40	29,78	27,05	24,88	11,97	48,69	49,58	51,10	12,43	6,68	-		
SM	31,02	32,09	27,31	26,78	20,19	63,17	64,80	62,04	28,00	21,15	16,59	-	
SL1	51,17	53,92	56,25	53,33	49,86	19,70	14,62	37,89	34,76	41,64	46,09	62,50	-
SL2	45,25	47,91	50,57	47,71	48,46	13,77	9,76	31,25	31,15	38,03	43,14	59,15	6,87

C1 – Curucaca 1; C2 – Curucaca 2; C3 – Curucaca 3; C4 – Curucaca 4; DM – Duas Marias; BM1 – Barra do Moeda 1; BM2 – Barra do Moeda 2; R – Rodeio; RVA1 – Rio Verde A 1; RVA2 – Rio Verde A 2; RVA3 – Rio Verde A 3; SM – Santa Maria; SL1 – Santa Luzia 1; SL2 – Santa Luzia 2.

Fonte: Elaboração do próprio autor

7.1 Fragmentos de Cerrado no município de Três Lagoas

O levantamento das espécies arbóreas ocorreu mensalmente de julho a dezembro de 2012. O método utilizado no trabalho de campo foi de caminhamento, que consiste em três etapas distintas: reconhecer os tipos de vegetação (fitofisionomias) na área a ser amostrada, elaborar a lista de espécies encontradas em caminhamentos aleatórios ao longo de uma ou mais linhas imaginárias e analisar os resultados[96].

O levantamento da diversidade (presença e ausência) de espécies arbóreas com potencial para produtos não madeireiros e madeireiros foi realizado por meio de caminhamentos aleatórios nos fragmentos (Tabela 3), buscando cobrir o máximo da área, considerando, inclusive, as bordas dos fragmentos. As espécies identificadas ao longo dos caminhos foram registradas em tabelas de campo pré-elaboradas com o nome das espécies, para serem consideradas como indivíduos arbóreos reprodutivos.

---

[96] FILGUEIRAS, T. S. et al. **Caminhamento:** um método expedito para levantamentos florísticos qualitativos. São Paulo: [s. n.], 1994.

Tabela 3 – Ocorrência de espécies arbóreas nos fragmentos de Cerrado no município de Três Lagoas, MS

Família/Espécies	BM1	BM2	SL1	SL2	RVA1	RVA2	RVA3	DM	SM	R	C1	C2	C3	C4
Anacardiaceae														
Astronium fraxinifolium	0	0	1	0	1	1	1	0	0	0	1	1	1	1
Myracrodruon urundeuva	0	0	0	0	0	0	0	0	0	0	1	0	1	1
Tapirira guianensis	0	1	0	1	0	0	1	0	0	1	0	0	1	0
Annonaceae														
Annona coriacea	0	0	0	0	0	0	0	0	1	0	0	0	0	0
Annona crassiflora	0	0	0	0	0	1	0	0	0	0	0	1	1	0
Guatteria australis	0	0	0	0	0	0	0	0	0	1	0	0	0	0
Xylopia aromatica	0	1	0	1	1	1	1	0	1	0	0	0	0	0
Apocynaceae														
Aspidosperma parvifolium	0	0	0	0	0	0	0	0	0	0	0	1	1	0
Aspidosperma polyneuron	0	0	0	1	0	0	0	0	0	0	0	0	0	0
Aspidosperma tomentosum	0	0	0	0	0	0	0	1	0	1	0	1	0	0
Hancornia speciosa	0	1	0	0	0	0	0	0	0	0	0	0	0	0
Tabernaemontana hystrix	0	1	0	0	0	0	0	0	0	1	0	0	0	0
Araliaceae														
Schefflera macrocarpa	0	0	0	0	0	0	0	0	0	0	0	0	0	0
Arecaceae														
Acrocomia aculeata	0	0	0	0	0	0	0	0	0	0	0	0	1	0
Attalea apoda	1	0	0	1	0	0	0	0	0	1	0	0	1	0

RIQUEZAS DO CERRADO FRAGMENTADO

Família/Espécies	BM1	BM2	SL1	SL2	RVA1	RVA2	RVA3	DM	SM	R	C1	C2	C3	C4
Asteraceae														
Gochnatia polymorpha	0	0	0	0	0	0	0	0	0	0	1	0	0	1
Bignoniaceae														
Handroanthus heptaphyllus	0	0	0	1	0	0	0	0	0	0	0	0	1	0
Handroanthus ochraceus	0	1	0	1	0	0	0	0	0	0	1	1	1	1
Handroanthus serratifolius	0	0	0	0	0	1	0	0	0	0	0	0	0	0
Jacaranda cuspidifolia	1	0	0	0	0	0	0	1	0	0	0	1	0	0
Tabebuia aurea	0	1	0	0	0	1	0	0	0	1	1	1	0	1
Tabebuia roseoalba	0	0	0	0	0	0	0	0	0	0	0	0	1	0
Boraginaceae														
Cordia glabrata	0	0	0	1	0	0	0	0	0	0	0	0	0	0
Cordia trichotoma	0	0	0	1	0	0	0	0	0	0	0	0	0	0
Calophyllaceae														
Kielmeyera coriacea	0	0	1	0	1	1	0	0	0	0	0	0	0	0
Caryocaraceae														
Caryocar brasiliense	0	1	1	1	0	0	0	0	0	0	1	1	1	1
Combretaceae														
Terminalia argentea	1	0	0	0	0	1	0	1	0	1	1	1	1	1
Terminalia glabrescens	1	1	0	1	0	0	1	1	1	0	0	1	0	0
Ebenaceae														

Familia/Espécies	BM1	BM2	SL1	SL2	RVA1	RVA2	RVA3	DM	SM	R	C1	C2	C3	C4
Diospyros hispida	0	1	0	0	0	0	0	0	0	0	0	1	0	0
Erythroxylaceae														
Erythroxylum suberosum	0	1	0	0	0	0	0	0	0	0	0	0	0	0
Euphorbiaceae														
Croton urucurana	0	0	0	1	0	0	0	0	0	0	0	0	0	0
Mabea fistulifera	1	1	0	1	0	0	1	0	0	1	0	0	0	0
Fabaceae														
Apuleia leiocarpa	0	0	0	1	0	0	0	0	0	0	0	0	0	0
Copaifera langsdorffii	1	1	1	1	1	1	1	1	0	1	0	0	1	0
Diptychandra aurantiaca	1	0	0	0	1	1	1	1	0	1	0	1	1	0
Hymenaea courbaril	0	0	0	1	0	0	0	0	0	0	0	1	0	0
Hymenaea stigonocarpa	0	0	1	1	0	1	1	0	0	1	0	1	0	0
Peltophorum dubium	0	0	0	1	0	0	0	0	0	0	0	0	0	0
Pterogyne nitens	0	0	0	1	0	0	0	0	0	0	0	0	0	0
Tachigali subvelutina	0	0	0	0	0	1	0	0	0	0	0	0	1	0
Bauhinia spp	0	0	0	0	1	0	0	0	0	0	0	0	0	0
Dalbergia miscolobium	0	0	0	0	1	0	0	0	1	0	0	0	0	0
Machaerium acutifolium	1	0	1	1	0	1	0	0	0	0	0	1	0	0
Platypodium elegans	0	0	0	0	0	0	0	0	0	1	0	0	0	0
Anadenanthera spp	1	0	1	1	0	1	0	1	0	1	0	1	0	0

Família/Espécies	BM1	BM2	SL1	SL2	RVA1	RVA2	RVA3	DM	SM	R	C1	C2	C3	C4
Dimorphandra mollis	0	0	1	1	0	1	0	1	1	1	0	1	0	0
Inga spp	0	0	0	1	0	0	0	0	0	0	0	0	0	0
Plathymenia reticulata	0	0	0	0	0	1	0	1	0	1	0	1	1	0
Stryphnodendron adstringens	0	0	0	0	0	0	0	0	0	0	0	0	0	0
Acosmium dasycarpum	0	0	0	0	0	0	0	0	0	0	0	1	0	0
Andira vermifuga	0	1	1	0	0	1	1	1	0	1	0	1	1	0
Bowdichia virgilioides	0	0	0	0	1	1	1	1	0	0	0	1	1	0
Dipteryx alata	1	0	1	0	1	0	0	1	1	0	0	1	0	0
Pterodon spp	1	0	1	1	1	1	0	1	0	1	1	1	0	0
Vatairea macrocarpa	0	0	0	0	0	0	0	0	0	1	1	0	0	1
Machaerium opacum	0	0	0	1	0	1	0	1	0	0	0	0	0	0
Lamiaceae														
Aegiphylla sellowiana	0	1	0	0	0	0	0	0	0	0	0	0	0	0
Lauraceae														
Ocotea corymbosa	0	1	0	0	0	0	0	0	0	0	0	0	0	0
Ocotea puberula	0	0	0	0	0	0	0	0	0	1	0	0	0	0
Malpighiaceae														
Byrsonima spp	0	0	0	0	0	1	0	0	0	0	1	0	0	1
Malvaceae														
Eriotheca pubescens	0	0	1	1	0	1	1	0	1	1	0	1	1	0

Família/Espécies	BM1	BM2	SL1	SL2	RVA1	RVA2	RVA3	DM	SM	R	C1	C2	C3	C4
Luehea spp	1	0	0	0	1	0	0	0	1	0	0	0	0	0
Pseudobombax spp	0	0	0	0	0	0	0	0	0	1	0	0	0	0
Melastomataceae														
Miconia burchellii	0	1	0	0	0	0	1	0	0	1	0	0	1	0
Meliaceae														
Cedrella fissilis	0	0	0	1	0	0	0	0	0	0	0	0	0	0
Guarea guidonia	0	1	0	0	0	0	0	0	0	0	0	0	0	0
Moraceae														
Ficus guaranitica	0	0	0	0	0	0	0	0	0	0	0	0	1	0
Myrtaceae														
Psidium sartorianum	1	1	0	0	0	0	0	0	0	1	0	1	1	0
Nyctaginaceae														
Guapira noxia	0	0	0	0	0	0	0	0	0	0	1	0	0	1
Opiliaceae														
Agonandra brasiliensis	1	0	0	0	1	0	0	0	0	0	0	0	1	0
Phytolaccaceae														
Gallesia integrifolia	0	0	0	1	0	0	0	0	0	0	0	0	0	0
Polygonaceae														
Coccoloba mollis	0	0	0	0	0	0	0	0	0	1	0	0	0	0
Triplaris americana	0	0	0	1	0	0	0	0	0	0	0	0	0	0

Família/Espécies	BM1	BM2	SL1	SL2	RVA1	RVA2	RVA3	DM	SM	R	C1	C2	C3	C4
Proteaceae														
Roupala montana	0	1	0	1	1	1	0	0	1	0	1	1	1	1
Rubiaceae														
Alibertia edulis	1	0	0	0	1	0	1	0	0	1	0	0	0	0
Cordiera macrophylla	1	0	0	0	1	0	0	0	0	0	0	0	0	0
Genipa americana	0	0	0	1	0	0	0	0	0	0	0	0	0	0
Rutaceae														
Zanthoxylum rhoifolium	0	0	0	0	0	0	0	0	0	0	1	0	1	1
Salicaceae														
Casearia gossypiosperma	0	0	0	0	0	0	0	0	0	0	0	0	0	0
Sapindaceae														
Cupania vernales	0	1	0	0	0	0	0	0	0	0	0	0	0	0
Magonia pubescens	1	0	1	0	0	0	0	1	0	1	1	1	1	1
Sapotaceae														
Pouteria ramiflora	0	1	0	0	0	0	0	1	0	0	1	0	0	1
Pouteria torta	0	0	0	1	0	0	0	0	0	0	1	0	0	1
Simaroubaceae														
Simarouba versicolor	0	0	1	0	0	0	0	0	0	0	0	0	0	0
Styracaceae														
Styrax ferrugineus	0	1	0	0	0	0	0	0	0	0	0	0	1	0

Família/Espécies	BM1	BM2	SL1	SL2	RVA1	RVA2	RVA3	DM	SM	R	C1	C2	C3	C4
Urticaceae														
Cecropia spp	0	0	0	1	0	0	0	0	0	0	0	0	0	0
Vochysiaceae														
Qualea spp	1	1	0	1	1	1	1	1	1	1	0	0	0	0
Salvertia convallariaeodora	0	0	0	0	0	1	0	0	0	0	1	1	1	1
Vochysia divergens	0	0	0	0	0	0	0	0	0	1	0	0	0	0
Total Geral	18	23	14	32	16	25	14	17	10	28	16	30	29	16

Fonte: Elaboração do próprio autor

As espécies foram identificadas *in loco* por parabotânicos ou coletadas para identificação posterior com auxílio de literatura especializada ou mediante consulta a especialistas. As espécies foram classificadas em famílias de acordo com o sistema do *Angiosperm Phylogeny Group IV*[97]. A identificação da nomenclatura botânica e os nomes dos autores de todas as espécies foram conferidos por *software* ECOLOG [98] e bancos de dados *online*, como o *Species Link* (http://www.splink.org.br) e a Lista de Espécies da Flora do Brasil (http://floradobrasil.jbrj.gov.br).

Para conhecer as estratégias ecológicas das espécies arbóreas de interesse, pesquisou-se sobre as características ecológicas: usos, síndrome de polinização, síndrome de dispersão e grupo sucessional. Para essas características, buscaram-se informações em bibliografia especializadas [99,100,101,102,103,104,105,106,107,108,109,110,111,112]. Pela grande plasticidade das espécies e literatura consultada as espécies arbóreas são classificadas em mais de um item dentro de um critério ecológico.

As espécies arbóreas foram classificadas nos seguintes usos: (ah) alimentar humano; (med) medicinal; (orn) ornamental; (ez) espécie zoocórica; (art) artesanato; (for) forrageira; (mel) melífera; (tan) taninos, resina, óleo; (mad) madeireiro. Quanto à síndrome de polinização as espécies foram classificadas de acordo com o polinizador: (ap) abelha pequena; (am) abelha média; (ag) abelha grande; (ves) vespas; (oi) outros insetos; (mos) moscas; (bor) borboletas; (mar) mariposas; (bes) besouros; (ave) aves; (mor) morcego; (ven) vento.

---

[97] APG IV, 2016.
[98] CAVALCANTI, M. J. ECOLOG: um sistema gerenciador de bancos de dados para levantamentos ecológicos de campo e inventários de biodiversidade. *In*: SANTOS-SILVA, E. N.; CAVALCANTI, M. J.; SCUDELLER, V. V. (org.). **BioTupé:** Meio Físico, Diversidade Biológica e Sociocultural do Baixo Rio Negro, Amazônia Central. 3. ed. Manaus: Rizoma Editorial, 2011. p. 291-302.
[99] CARVALHO, 1994.
[100] ALMEIDA *et al.*, 1998.
[101] LORENZI, 2002.
[102] CARVALHO, 2003.
[103] DURIGAN *et al.*, 2004.
[104] SILVA Junior *et al.*, 2005.
[105] CARVALHO, 2006.
[106] CARVALHO, 2008.
[107] LORENZI, 2008.
[108] LORENZI, 2009.
[109] SILVA JUNIOR; PEREIRA, 2009.
[110] CARVALHO, 2010.
[111] CARVALHO, 2014.
[112] SILVA JUNIOR, 2015.

Para a síndrome de dispersão, as espécies foram classificadas nas categorias: (ane) anemocóricas; (bar) barocórica; (zoo) zoocórica; (aut) autocóricas e (hid) hidrocória.

Quanto ao grupo sucessional as espécies foram classificadas conforme consulta à literatura: (P) pioneira; (SI) secundária inicial; (ST) secundária tardia; (C) clímax. As espécies registradas são de ocorrência em área de tensão ecológica entre Mata Atlântica e Cerrado e possuem na literatura a classificação para sucessão, o que permite conhecer o comportamento desta no ecossistema de floresta. Agrupar as espécies com características sucessionais similares possibilita conhecer o comportamento das diversas espécies no Cerrado para que tenha aplicabilidade em recuperação de áreas degradadas. Baseado em observações de campo e na experiência dos pesquisadores envolvidos no trabalho, foi proposto modelo de classificação para as espécies registradas, o agrupamento em três classes sucessionais desenvolvidas para o Cerrado, sendo:

Iniciais (I): espécies muito intolerantes a sombra e exigentes em luz; de regeneração de banco de sementes e rebrota de raízes; produtoras de frutos atrativas a fauna; árvores de pequeno porte entre 2 e 5 metros de altura; muito resistentes ao fogo e são espécies de preenchimento.

Intermediária (INT): espécies intolerantes a sombra e tolerantes quando jovens; de regeneração de banco de sementes, rebrota de raízes e banco de plântulas; produtoras de frutos carnosos e secos; árvores entre 2 e 10 metros de altura; resistentes ao fogo e são espécies de diversidade.

Final (F): espécies tolerantes a sombra; de regeneração de banco de sementes e plântulas; produtoras de frutos secos; árvores entre 10 e 25 metros de altura; intolerantes ao fogo e são espécies madeireiras de baixa diversidade.

Com base no levantamento qualitativo do fragmento, essas foram agrupadas como espécies exclusivas e comuns nos fragmentos, utilizando diagrama de *Venn*[113] [114]. Entre as ferramentas para estudos de ecologia de comunidades, ilustrando as relações entre os conjuntos de espécies amostradas no fragmento dentro da fazenda, a análise foi realizada utilizando

---

[113] VENN, J. I. On the diagrammatic and mechanical representation of propositions and reasonings. **The London, Edinburgh, and Dublin Philosophical Magazine and Journal of Science:** Series 5, [s. l.], v. 10, n. 59, p. 1-18, 1880. Disponível em: https://doi.org/10.1080/14786448008626877. Acesso em: 7 jun. 2021.

[114] ZAR, 1999.

o pacote computacional *VennDiagram*[115], em que a cardinalidade de um conjunto A denotada por $|A|$ e, se para dois conjuntos A e B é possível fazer uma relação um-a-um entre seus elementos, então $|A|=|B|$. A interseção, ou espécies comuns de dois conjuntos A e B, é o conjunto $A \cap B$ composto dos elementos que pertencem simultaneamente aos dois conjuntos A e B. E a diferença de A-B entre dois conjuntos A e B é o conjunto dos elementos que pertencem a A e que não pertencem a B, que são as espécies exclusivas.

Utilizando o pacote computacional *Sets*[116] analisou-se a similaridade florística entre as fazendas, utilizando o levantamento qualitativo de espécies arbóreas. Com o uso da similaridade de Jaccard, definida como: $|X \cap Y|/|X \cup Y|$ dado dois conjuntos generalizados, X e Y, $|\cdot|$ denotando a cardinalidade para os conjuntos generalizados. Podendo-se assim calcular com o pacote *proxy*[117] uma matriz de similaridade entre todos os fragmentos para as medidas de similaridade das espécies estudadas.

Para descrever a organização espacial da composição de espécies arbóreas do levantamento qualitativo entre os fragmentos amostrados, foi utilizada a biblioteca *vegan*[118] para a análise multivariada NMDS (Ordenações de Escalonamento Multidimensional Não Métrico) empregando duas dimensões (k=2)[119], a partir da medida de distância de similaridade de Jaccard[120]. A distorção da ordenação em relação à matriz de dados originais foi determinada pelo *"stress"*[121]. Valores do *"stress"* em torno de 0,2 correspondem a ajuste regular, enquanto em torno de 0,1 indicam um bom ajuste, e valor igual a 0 um ajuste perfeito.

As análises foram realizadas por meio do *software "R for Windows"*[122].

No levantamento de espécies arbóreas nos fragmentos foram registradas 89 espécies pertencentes a 37 famílias. Sendo que as famílias (número

---

[115] CHEN, H. VennDiagram: Generate High-Resolution Venn and Euler Plots. **R package version 1.6.20**, [s. l.], 2018. Disponível em: https://cran.r-project.org/package=VennDiagram. Acesso em: 17 out. 2018.

[116] MEYER, D.; HORNIK, K. Generalized and Customizable Sets in R. **Journal of Statistical Software**, [s. l.], v. 31, n. 2, 2009. Disponível em: https://doi.org/10.18637/jss.v031.i02. Acesso em: 17 out. 2018.

[117] MEYER, D.; BUCHTA, C. proxy: Distance and Similarity Measures. **R package version 0.4-22**, [s. l.], 2018. Disponível em: https://cran.r-project.org/package=proxy. Acesso em: 17 out. 2018.

[118] OKSANEN, J. *et al.* vegan: Community Ecology Package. **R package version 2.5-2**, [s. l.], 2018. Disponível em: https://cran.r-project.org/package=vegan. Acesso em: 17 out. 2018.

[119] MINCHIN, P. R. An evaluation of the relative robustness of techniques for ecological ordination. **Vegetatio**, [s. l.], v. 69, n. 1-3, p. 89-107, 1987. Disponível em: https://doi.org/10.1007/BF00038690. Acesso em: 17 out. 2018.

[120] MANLY, B. F. G. **A Primer of Multivariate Statistics**. London: Chapman & Hall, 1994.

[121] ROHLF, 2000.

[122] R CORE TEAM. **R: A Language and Environment for Statistical Computing**. Vienna, Austria, 2018. Disponível em: https://www.r-project.org. Acesso em: 17 out. 2018.

de espécies) *Fabaceae* (24), *Bignoniaceae* (6), *Apocynaceae* (5) e *Annonaceae* (4) apresentaram o maior número de espécies (Tabela 4).

A florística e a fitossociologia[123] das espécies presentes em áreas de Cerradão e mata mesofítica na Estação Ecológica de Pirapitinga (MG) amostraram um total de 1.716 indivíduos distribuídos em 67 espécies, 60 gêneros e 35 famílias, em que as famílias mais ricas foram *Fabaceae* e *Vochysiaceae*[124]. Na vegetação de transição no município de Sinop (MS) para detectar indícios de perturbação pela fragmentação, observaram 1.555 ind./ha, distribuídos em 37 famílias, 81 gêneros e 113 espécies. A família mais representativa foi *Leguminosae* com 14 espécies.

No levantamento florístico efetuado no Horto Matão na cidade de Três Lagoas (MS), foram registradas 156 espécies que ocorrem no Cerrado, onde 93 (61,18 %) delas são do componente arbustivo-arbóreo e 63 (41,40%) do herbáceo-subarbustivo. E a família mais representada foi a *Fabaceae* (16), seguida por *Caesalpiniaceae* (11), *Rubiaceae* (9) e *Asteraceae* (8), além de *Annonaceae, Bignoniaceae, Euphorbiaceae, Mimosaceae, Poaceae* e *Vochysiaceae* com 6 espécies cada uma[125].

Fitossociologicamente[126] o Cerrado *sensu stricto* e Cerradão no Horto Barra do Moeda, município de Três Lagoas (MS), registraram 757 indivíduos pertencentes a 17 famílias e 36 espécies; e no Cerradão se registrou 1.023 indivíduos pertencentes a 26 famílias e 45 espécies. As famílias que apresentaram maior riqueza no Cerrado *s.s.* foram Caesalpiniaceae, Malpighiaceae, Myrtaceae e Vochysiacea com 3 espécies cada uma; e no Cerradão foram Vochysiacea, com 6 espécies, Caesalpiniaceae e Mimosaceae ambas com 4 espécies.

Os autores citados corroboram o levantamento de espécies arbóreas registradas nos fragmentos. Caracterizando a florística dos fragmentos em Cerrado *sensu stricto*, destacando a família Fabaceae.

---

[123] GIÁCOMO *et al.*, 2015.
[124] ARAUJO *et al.*, 2009.
[125] SILVA, N. A. da. **Levantamento florístico do Horto Matão, Selvíria, Mato Grosso do Sul**. 47 f. 1997. Universidade Federal do Mato Grosso do Sul, [S. l.], 1997.
[126] MOISÉS, 1998.

Tabela 4 – Famílias e espécies arbóreas identificadas nos fragmentos florestais no município de Três Lagoas (MS) e suas características ecológicas

FAMÍLIA/Espécie	Nome vulgar	Usos	Polinização	Dispersão	Sucessional literatura	Sucessional proposto
ANACARDIACEAE						
Astronium fraxinifolium Schott	gonçalo-alves	med, orn, ez, art, for, mel, tan, mad	ap, am, ag	ane	P, SI, ST, C	INT, F
Myracrodruon urundeuva Allemão	aroeira	med, orn, ez, for, mel, tan, mad	ap, am, ag, oi	ane	SI, ST, C	I, INT, F
Tapirira guianensis Aubl.	peito-de-pombo	med, orn, for, mel, tan, mad	ap, am, ag, oi	zoo	P, SI, C	INT
ANNONACEAE						
Annona coriacea Mart.	marolo	ah, med, ez, art, for, mad	bes	bar, zoo	P, SI	I, INT
Annona crassiflora Mart.	araticum-vermelho	ah, med, ez, for	bes	bar, zoo	P	I, INT
Guatteria australis A.St.-Hil.	pindaiba-preta	med, orn, art, mad	oi, bes	zoo	SI, ST	INT, F
Xylopia aromatica (Lam.) Mart.	pimenta-de-macaco	ah, med, orn, ez, tan, mad	ap, am, ag, bes	zoo	P, SI	I, INT
APOCYNACEAE						
Aspidosperma parvifolium A. DC.	guatambu-branco	orn, tan, mad	ap, am, ag, mar	ane	SI, ST	INT, F
Aspidosperma polyneuron Müll. Arg.	peroba-rosa	med, orn, tan, mad	mar	ane	ST, C	F
Aspidosperma tomentosum Mart.	guatambu-do-Cerrado	med, orn, art, mel, mad	ap, am, ag, mar	ane	P, ST	I, INT

FAMÍLIA/Espécie	Nome vulgar	Usos	Polinização	Dispersão	Sucessional literatura	Sucessional proposto
Hancornia speciosa Gomes	mangaba	ah, med, orn, ez, for, mel, mad	mar	bar, zoo	P, SI	I, INT
Tabernaemontana hystrix Steud	leiteiro	ah, orn, mad	s.i.	zoo	P	I, INT
ARALIACEAE						
Schefflera macrocarpa (Cham. & Schltdl.) Frodin*	mandiocão-do-Cerrado	med, orn, ez, for, mel, mad	s.i.	zoo	P	INT, F
ARECACEAE						
Acrocomia aculeata (Iacq.) Lood. ex Mart.	macaúba	ah, med, orn, ez, art, for, mel, tan, mad	ap, am, ag, oi, bes	bar, zoo	P, C	INT, F
Attalea apoda Burret	palmeira-indaiá	ah, orn, ez, art, for, mel, tan, mad	s.i.	bar, zoo	SI, ST	I, INT
ASTERACEAE						
Gochnatia polymorpha (Less.) Cabr.	candeia	med, orn, for, mel, tan, mad	ap, am, ag, oi	ane	SI	INT
BIGNONIACEAE						
Handroanthus heptaphyllus (Vell.) Mattos	ipê-roxo	orn, ez, for, tan, mad	ag	ane	ST	INT, F
Handroanthus ochraceus (Cham.) Mattos	ipê-amarelo-do-Cerrado	med, orn, tan, mad	am, ag	ane	SI, ST	I, INT
Handroanthus serratifolius (Vahl) S.Grose	ipê-amarelo	med, orn, mel, tan, mad	ap, am, ag	ane	SI, ST, C	INT, F
Jacaranda cuspidifolia Mart	jacaranda-caroba	med, orn, for, mad	ap, am, ag	ane	P, SI	I, INT
Tabebuia aurea (Silva Manso) Benth. & Hook.f. ex S.Moore	caraíba	med, orn, for, mel, tan, mad	ap, am, ag	ane	P	I, INT

FAMÍLIA/Espécie	Nome vulgar	Usos	Polinização	Dispersão	Sucessional literatura	Sucessional proposto
Tabebuia roseoalba (Ridl.) Sandwith	ipê-branco	med, orn, mel, mad	ap, am, ag	ane	SI, ST	I, INT
BORAGINACEAE						
Cordia glabrata (Mart.) A.DC.	louro-preto	orn, for, mel, mad	ap, am	zoo	P, SI, ST	INT, F
Cordia trichotoma (Vell.) Arráb. ex Steud	louro-pardo	med, orn, for, mel, mad	ap, am, ag, oi	ane	P, SI, ST	I, INT
CALOPHYLLACEAE						
Kielmeyera coriacea Mart. & Zucc.	pau-santo	med, orn, ez, art, for, mel, tan	ag	ane	SI, ST	I
CARYOCARACEAE						
Caryocar brasiliense Cambess*	pequi	ah, med, orn, ez, for, mel, tan, mad	ap, am, ag, ves, mos, bor, mor, bar, bes	zoo	P	INT, F
COMBRETACEAE						
Terminalia argentea Mart.	capitão-do--campo	med, orn, art, mel, tan, mad	ap, am, ag, oi	ane	P	I, INT
Terminalia glabrescens Mart.	mirindiba	orn, art, mel, mad	ap, am, ag, oi	ane	P	INT, F
EBENACEAE						
Diospyros hispida A.DC	caqui-do-Cerrado	ah, orn, ez, for, mad	ap, am, ag, mar, bes	zoo	SI, ST	I, INT, F
ERYTHROXYLACEAE						
Erythroxylum suberosum A. St.-Hil.	cabelo-de-negro	med, ez, tan	oi	zoo	P, SI	I
EUPHORBIACEAE						

FAMÍLIA/Espécie	Nome vulgar	Usos	Polinização	Dispersão	Sucessional literatura	Sucessional proposto
Croton urucurana Baill	sangra-d'água	med, orn, mel, mad	ap, am, ag, oi	bar, zoo, aut, hid	P	I
Mabea fistulifera Mart	canudo-de-pito	orn, art, mel, tan	ap, am, ag, oi	aut	P	I, INT
FABACEAE						
Apuleia leiocarpa (Vogel) J.F.Macbr	garapa	med, orn, mel, tan, mad	ap, am, ag	ane, bar, aut	P, SI, ST, C	F
Copaifera langsdorffii Desf.	copaíba	med, orn, ez, for, mel, tan, mad	ap, am, ag	zoo	ST, C	INT, F
Diptychandra aurantiaca Tul	balsemim	orn, mad	s.i.	ane	SI, ST, C	INT, F
Hymenaea courbaril L*	jatoba-da-mata	ah, med, orn, art, for, mel, tan, mad	mor	zoo	ST	INT, F
Hymenaea stigonocarpa Mart. ex Hayne	jatoba-do-Cerrado	ah, med, orn, art, for, mel, tan, mad	mor	zoo	ST	INT, F
Peltophorum dubium (Spreng.) Taub	canfístula	med, orn, for, mel, tan, mad	ap, am, ag, oi	ane, bar, aut	P, SI	INT, F
Pterogyne nitens Tul	amendoim-bravo	orn, tan, mad	ap, am, ag, oi	ane, bar, zoo, aut	P, SI, ST	I, INT, F
Tachigali subvelutina (Benth.) Oliveira-Filho	carvoeiro-branco	mel, tan, mad	s.i.	ane	SI, ST	INT, F
Bauhinia spp. L	pata-de-vaca	med, orn, for, mel, mad	mor	bar, aut	P, SI	I, INT
Dalbergia miscolobium Benth	cavíuna	orn, art, mel, tan, mad	ap, am, ag, oi	ane	P	I, INT
Machaerium acutifolium Vogel	jacarandá-paulista	med, orn, mad	ap, am, ag	ane	SI, ST	I, INT

FAMÍLIA/Espécie	Nome vulgar	Usos	Polinização	Dispersão	Sucessional literatura	Sucessional proposto
Platypodium elegans Vogel	jacaranda-miudo	orn, mad	ap, am, ag	ane	SI, ST	INT, F
Anadenanthera spp. Speg	angico	med, orn, ez, mel, tan, mad	ap, am, ag, oi	bar, aut	P, SI, C	I, INT, F
Dimorphandra mollis Benth.	fava-de-anta	med, orn, for, tan, mad	oi	zoo	SI, ST	I, INT
Inga spp. Mill	inga	ah, med, orn, ez, for, mel, mad	ap, am, ag, oi	zoo, hid	P, SI	I, INT
Plathymenia reticulata Benth	amarelinho	med, orn, mel, tan, mad	ap, am, ag, oi	ane	SI	INT, F
Stryphnodendron adstringens (Mart.) Coville	barbatimão	med, for, tan, mad	ap, am, ag, oi	zoo	P, SI	I, INT
Acosmium dasycarpum (Vogel) Yakovlev	amargosinha	orn, mad	oi	ane	SI, ST	I, INT
Andira vermifuga (Mart.) Benth.	angelim-do-Cerrado	med, orn, mad	ap, am, ag	zoo	SI, ST	I, INT
Bowdichia virgilioides Kunth	sucupira-preta	med, orn, for, mel, tan, mad	am, ag, oi	ane	P, ST, C	INT, F
Dipteryx alata Vogel	baru	ah, med, orn, ez, for, mel, tan, mad	ap, am, ag, oi	bar, zoo	SI, ST	INT, F
Machaerium opacum Vogel	jacaranda-do-Cerrado	orn, mad	ap, am, ag	ane	SI, ST	INT, F
Pterodon spp. Vogel*	faveiro	med, orn, art, mel, tan, mad	ap, am, ag, oi	ane	P, SI	INT, F
Vatairea macrocarpa (Benth.) Ducke	jacaranda-cascudo	med, orn, mel, mad	ap, am, ag	ane	SI, ST	INT, F

FAMÍLIA/Espécie	Nome vulgar	Usos	Polinização	Dispersão	Sucessional literatura	Sucessional proposto
LAMIACEAE						
Aegiphylla sellowiana Cham	papagaieiro	ez, art, for, mel, tan, mad	ap, am, ag, oi	zoo	P	I
LAURACEAE						
Ocotea corymbosa (Meisn.) Mez	canela	orn, ez, mel, mad	ap, am, ag	zoo	SI, ST, C	INT
Ocotea puberula (Rich.) Nees	canelinha	med, for, tan, mad	ap, am, oi	zoo	SI	INT
MALPIGHIACEAE						
Byrsonima spp. Rich. ex Kunth	murici	ah, med, ez, for, mel, tan, mad	ap, am, ag	zoo	P, SI	I, INT
MALVACEAE						
Eriotheca pubescens (Mart. & Zucc.) Schott & Endl	paineira-do-Cerrado	ah, med, orn, ez, art, mel, mad	am, ag	ane	SI, ST	I, INT
Luehea spp. Willd	açoita-cavalo	med, orn, art, for, mel, tan, mad	ap, am, ag, oi	ane	P, SI	INT, F
Pseudobombax spp. Dugand	embiruçu	orn, art, mad	ap, am, ag, mar, mor	ane	P, SI	I, INT
MELASTOMATACEAE						
Miconia burchellii Triana	uva-do-brejo	orn, ez, mel	oi	zoo	P	I
MELIACEAE						
Cedrella fissilis Vellozo*	cedro-rosa	med, orn, art, for, mel, tan, mad	ap, am, ag, mar	ane, bar	SI, ST, C	INT, F
Guarea guidonia (L.) Sleumer	marinheiro	med, orn, art, for, tan, mad	oi, mar	zoo	SI, ST	I, INT
MORACEAE						

FAMÍLIA/Espécie	Nome vulgar	Usos	Polinização	Dispersão	Sucessional literatura	Sucessional proposto
Ficus guaranitica Chodat	figueira-branca	ah, med, orn, ez, art, for, mel, tan, mad	ves	zoo	SI, ST	INT, F
MYRTACEAE						
Psidium sartorianum (O.Berg) Nied	cambuí	orn, ez, mad	s.i.	zoo	SI, ST	INT, F
NYCTAGINACEAE						
Guapira noxia (Netto) Lundell	caparrosa	orn, ez, for, mel	oi	zoo	SI	INT
OPILIACEAE						
Agonandra brasiliensis Miers ex Benth. & Hook.f	cerveja-de-pobre	ah, med, art, for, mel, tan, mad	vento	zoo	P	I, INT
PHYTOLACCACEAE						
Gallesia integrifolia (Spreng.) Harms	pau-d'alho	med, orn, for, tan, mad	ap, am, ag, oi	ane	P, SI, ST	INT, F
POLYGONACEAE						
Coccoloba mollis Casar	quina-doce	med, orn, ez, art, for, mel, tan, mad	s.i.	zoo	SI	I, INT
Triplaris americana L	triplares	orn, ez, mel, mad	s.i.	ane	P	INT, F
PROTEACEAE						
Roupala montana Aubl.	carne-de-vaca	art, mel, mad	ag, oi, ave	ane, bar, aut	SI	I, INT
RUBIACEAE						
Alibertia edulis (Rich.) A.Rich	marmelo-de-cachorro	ah, orn, ez, for	s.i.	zoo	SI	I, INT
Cordiera macrophylla (K.Schum.) Kuntze	marmelada	ah, med, orn, ez, for	s.i.	zoo	SI	INT, F

FAMÍLIA/Espécie	Nome vulgar	Usos	Polinização	Dispersão	Sucessional literatura	Sucessional proposto
Genipa americana L	jenipapo	ah, med, orn, ez, art, for, mel, tan, mad	ap, am, ag	zoo, aut, hid	P, SI, ST	INT, F
RUTACEAE						
Zanthoxylum rhoifolium Lam	mamica-de-porca	med, orn, ez, for, mel, mad	oi	zoo	SI, ST	INT
SALICACEAE						
Casearia gossypiosperma Briq	espeteiro	orn, mad	s.i.	zoo	P, SI	I, INT
SAPINDACEAE						
Cupania vernalis Cambess	camboatá	orn, mel, tan, mad	ap, am, ag, oi, bor, mar	zoo	SI, ST	I, INT
Magonia pubescens A.St.-Hil.	tingui	med, orn, art, for, mel, tan, mad	ap, am, ag	ane, bar	P	I, INT
SAPOTACEAE						
Pouteria ramiflora (Mart.) Radlk.	curriola	ah, orn, ez, for, mel, tan, mad	ap, am, ag, oi	zoo	ST, C	I, INT
Pouteria torta (Mart.) Radlk*	guapeva	ah, orn, ez, for, mel, tan, mad	ap, am, ag, oi	zoo	ST, C	I, INT
SIMAROUBACEAE						
Simarouba versicolor A.St.-Hil	mata-cachorro	ah, med, orn, ez, for, tan, mad	ap, oi, vento	zoo	SI	INT
STYRACACEAE						
Styrax ferrugineus Nees & Mart.	laranginha-do-Cerrado	med, orn, for, mel, tan, mad	ag, ves	bar, zoo	SI, ST	I, INT
URTICACEAE						

FAMÍLIA/Espécie	Nome vulgar	Usos	Polinização	Dispersão	Sucessional literatura	Sucessional proposto
Cecropia spp. Loefl	embauba	ah, med, orn, for, mel, tan, mad	ap, am, ag, vento	zoo	P	I, INT
VOCHYSIACEAE						
Qualea spp Mart.	pau-terra	med, orn, ez, art, mel, tan, mad	ag, mar	ane	SI	I, INT, F
Salvertia convallariaeodora A. St.-Hil.	moliana	med, orn, ez, art, tan, mad	mar	ane	P	INT, F
Vochysia divergens Pohl	cambara	med, orn, mel, mad	ave, mor	ane	P	INT

* **Usos:** (ah) alimentar humano; (med) medicinal; (orn) ornamental; (ez) espécie zoocórica; (art) artesanato; (for) forrageira; (mel) melífera; (tan) taninos, resina, óleo; (mad) madeireiro. **Polinização:** (ap) abelha pequena; (am) abelha média; (ag) abelha grande; (ves) vespas; (oi) outros insetos; (mos) moscas; (bor) borboletas; (mar) mariposas; (bes) besouros; (ave) aves; (mor) morcego; (ven) vento. **Dispersão:** (ane) anemocóricas; (bar) barocórica; (zoo) zoocórica; (aut) autocóricas e (hid) hidrocória. **Sucessão Literatura:** (P) pioneira; (SI) secundária inicial; (ST) secundária tardia; (C) clímax. **Sucessão Proposta:** (I) iniciais; (INT) intermediária; (F) final.
Fonte: elaboração do próprio autor

Pesquisadores[127] comparam a diversidade e a composição de espécies e a estrutura da vegetação de três fitofisionomias do Cerrado distintas (Cerradão, Cerrado Denso e Cerrado Típico) na transição Cerrado-Amazônia, Mato Grosso (Brasil), foram registrados 2.186 indivíduos, 91 espécies, 67 gêneros e 35 famílias no Cerradão e 2.070 indivíduos de 91 espécies, 68 gêneros e 37 famílias no Cerrado Denso. No Cerrado Típico, foram amostrados 1.690 indivíduos pertencentes a 76 espécies, 56 gêneros e 32 famílias. Esses autores confirmaram diversidade em família e espécies registradas nos fragmentos estudados.

No levantamento florístico da vegetação do entorno do Parque Municipal das Capivaras, no município de Três Lagoas-MS, foram coletados 86 espécimes vegetais distribuídos em 64 gêneros e 28 famílias. A família Fabaceae mostrou-se a mais abundante com 22 espécies, seguida por Bignoniaceae com 9 espécies, Malvaceae com 6 espécies, Malpighiaceae com 5 espécies, Sapindaceae, Poaceae, Asteraceae e Annonaceae com 4 espécies, Euphorbiaceae e Myrtaceae com 3 espécies, Solanaceae, Arecaceae, Lamiaceae e Apocinaceae com 2 espécies, e as demais famílias com apenas um representante[128]. Resultado semelhante ao encontrado no presente estudo para as famílias registradas.

O Bioma Cerrado era visto como improdutivo, e sua vegetação com árvores pequenas e tortas servia apenas para uso de lenha e carvão, mas algumas espécies têm usos consagrados pela sabedoria popular. Destacado aqui pelos usos madeireiro, medicinal e ornamental, características de usos da vegetação local. As espécies arbóreas registradas têm potencial para usos madeireiro (17,2%), ornamental (16,8%), medicinal (13%), melífero (12,3%), taninos, resina, óleo (11,3%), forrageira (10,4%), espécie zoocórica (7,9%), artesanato (6,0%) e alimentar humano (5,1%) (Gráfico 1). O registro das espécies apresenta alto valor para os usos madeireiros e medicinais.

---

[127] MARACAHIPES SANTOS et al., 2015.
[128] ANDRELLA, G. C.; NETO, M. J. LEVANTAMENTO FLORÍSTICO DOS ARREDORES DO PARQUE DAS CAPIVARAS, TRÊS LAGOAS-MS. **Revista Saúde e Meio Ambiente**, [S. l.], v. 5, n. 2, p. 70-77, 2017. Disponível em: http://seer.ufms.br/index.php/sameamb/article/view/4603. Acesso em: 25 abr. 2019.

Gráfico 1 – Distribuição percentual dos usos das espécies arbóreas registradas nos fragmentos no município de Três Lagoas, MS

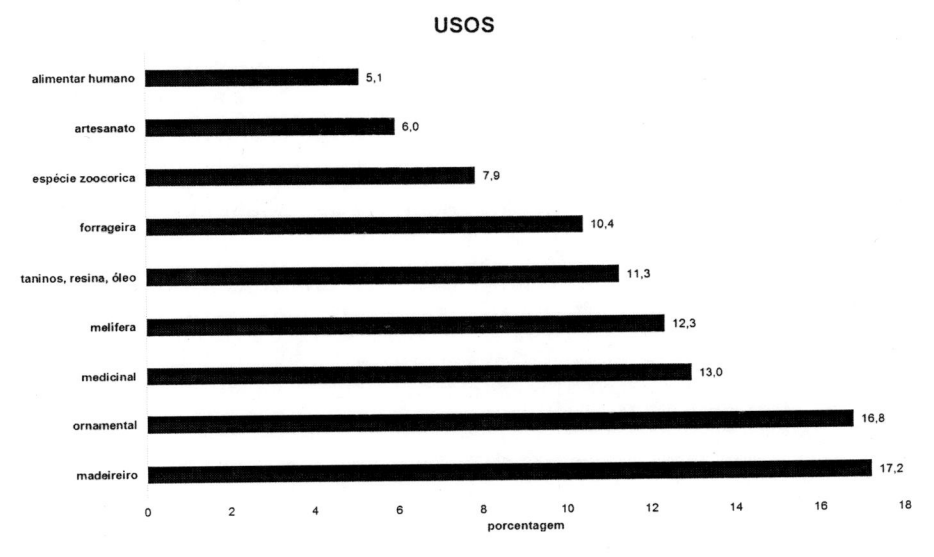

USOS

Uso	Porcentagem
alimentar humano	5,1
artesanato	6,0
espécie zoocorica	7,9
forrageira	10,4
taninos, resina, óleo	11,3
melífera	12,3
medicinal	13,0
ornamental	16,8
madeireiro	17,2

Fonte: elaboração do próprio autor

Pesquisa confirma[129] que há espécies consagradas por serem utilizadas para a confecção de cercas, como o vinhático-do-campo (*Plathymenia reticulata*), a candeia (*Gochnatia polymorpha*), o gonçalo-alves (*Astronium fraxinifolium*), o baru (*Dipteryx alata*) e outras que são utilizadas em marcenaria ou em outros fins mais nobres, como o jatobá (*Hymenaea stigonocarpa*), a sucupira-roxa (*Bowdichia virgilioides*), o faveiro (*Pterodon pubescens*) e a carne-de-vaca (*Roupala montana*), entre outras. Todas essas espécies listadas pelo autor foram registradas no presente trabalho.

Na Reserva Estratégica do Exército Brasileiro, no município de Três Lagoas (MS), foi realizado estudo para conhecer o potencial da flora desse local com o levantamento florístico, que permitiu identificar 373 espécies, distribuídas em 231 gêneros e 64 famílias. As famílias mais representadas, com 10 ou mais espécies, foram Fabaceae (58 spp.), Poaceae (24 spp.), Asteraceae (23 spp.), Euphorbiaceae (22 spp.), Myrtaceae (19 spp.), Malvaceae (18 spp.), Bignoniaceae (18 spp.), Apocynaceae (16 spp.), Malpighiaceae (15 spp.) e Rubiaceae (14 spp.). Das espécies registradas, mais de 75% apresentam algum valor econômico[130].

---

[129] DURIGAN, 2005.
[130] NETO, M. J.; CASSIOLATO, A. M. R.; SANTOS, R. M. dos. LEVANTAMENTO FLORÍSTICO DE UM REMANESCENTE DE CERRADO EM ÁREA URBANA DE TRÊS LAGOAS-MS, BRASIL. **Periódico Eletrônico Fórum Ambiental da Alta Paulista**, [S. l.], v. 11, n. 3, p. 33-48, 2015. Disponível em: https://doi.org/10.17271/1980082711320151211. Acesso em: 25 abr. 2019.

O potencial produtivo apresentado pelo uso de madeira dessas espécies estudas é devido à região ser de vegetação de Cerrado e Cerradão. A vegetação natural de Cerrado nessas áreas, ou mesmo em propriedades inteiras, pode ser manejada para a geração de benefícios diretos, além daqueles decorrentes da proteção ao solo, aos recursos hídricos e à biodiversidade, que por si só deveriam justificar a preservação[131].

Constatou-se um maior número de espécies representadas pela síndrome de polinização por abelhas grandes (23,5%), abelhas médias (22,3%) e abelhas pequenas (21,4%) (Gráfico 2). Nas demais síndromes de polinização com exceção de outros insetos (15,1%) as porcentagens foram de zero a 4,6%. Das síndromes de polinização identificadas, destaca-se a melitofilia (polinização por abelhas, vespas e formigas), que poliniza mais da metade das espécies estudadas; 4,6% das espécies registradas não tiverem sua síndrome de polinização identificada na literatura consultada.

Gráfico 2 – Distribuição percentual da síndrome de polinização das espécies arbóreas registradas nos fragmentos no município de Três Lagoas, MS

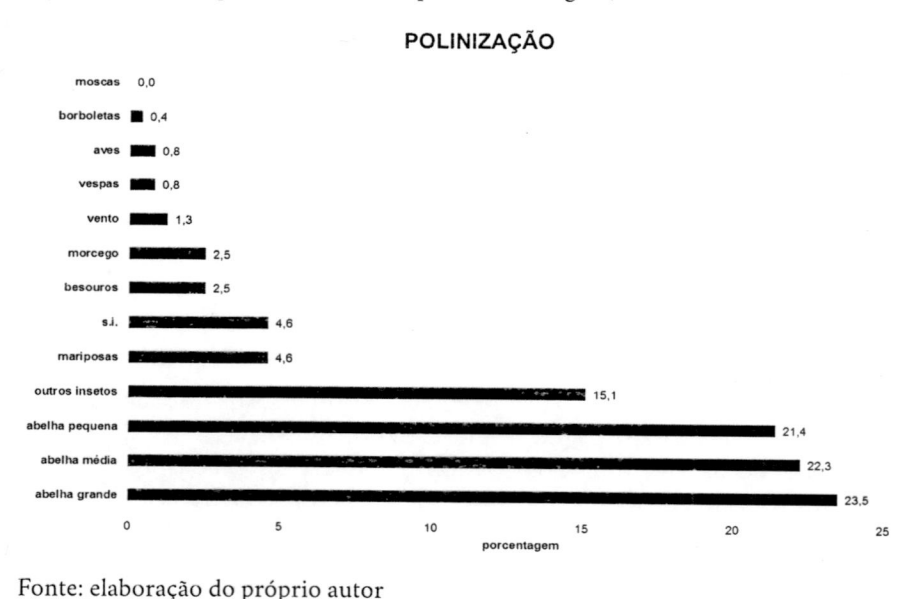

POLINIZAÇÃO

Categoria	Porcentagem
moscas	0,0
borboletas	0,4
aves	0,8
vespas	0,8
vento	1,3
morcego	2,5
besouros	2,5
s.i.	4,6
mariposas	4,6
outros insetos	15,1
abelha pequena	21,4
abelha média	22,3
abelha grande	23,5

Fonte: elaboração do próprio autor

---

[131] DURIGAN, 2005.

Como não se conhecem as interações muitas vezes complexas entre as espécies[132] – como as de polinização, dispersão, predação e outras –, poder-se-ia estar afetando um segmento da biodiversidade que tem interação com os recursos manejados. No presente estudo, foram avaliadas as espécies arbóreas, que naturalmente ocupam o estrato superior da vegetação, e a grande maioria é polinizada por polinizadores voadores[133], a estratificação da vegetação em altura fornece "caminhos de voo" abertos para insetos, pássaros e morcegos acima e abaixo de cada estrato. A adaptação para obter flores em áreas mais abertas, facilitando assim a polinização ou dispersão de sementes por morcegos, sugere que a produção de áreas abertas no dossel a partir da estratificação pode ser de valor seletivo.

Em fragmentos de Cerrado, estudo de frequência dos sistemas de polinização e sua distribuição espacial em 38 transecções aleatórios, amostrando 2.280 indivíduos e 121 espécies, demonstrou que a polinização por abelhas foi o sistema de polinização mais frequente e uma diminuição na frequência de plantas polinizadas por besouros em direção ao interior do fragmento. Ocorrendo uma variação significativa em relação à altura somente para os morcegos, havendo um aumento na frequência de plantas em direção a alturas mais altas. Não registrado variações horizontais e verticais nos sistemas de polinização, provavelmente, como consequência da fisionomia mais aberta de Cerrado[134].

As espécies identificadas são polinizadas predominantemente por insetos, enquanto a dispersão dos frutos ocorre por animais e pelo vento[135] [136]. É importante conhecer a relação das plantas e seus agentes dispersores e polinizadores para a estrutura de comunidades, uma vez que tais interações podem interferir na riqueza, abundância e distribuição espacial das espécies. Sendo os mecanismos de polinização por insetos e a dispersão por animais e ventos estes são essenciais na distribuição natural das espécies e na movimentação e intercâmbio de material genético dentro e fora das populações. Isso demostra o quanto é importante a conservação desses fragmentos de Cerrado[137].

---

[132] KAGEYAMA, 2005.

[133] SMITH, 1973.

[134] MARTINS, F. Q.; BATALHA, M. A. Vertical and horizontal distribution of pollination systems in Cerrado fragments of central Brazil. **Brazilian Archives of Biology and Technology**, [s. l.], v. 50, n. 3, p. 503-514, 2007. Disponível em: https://doi.org/10.1590/S1516-89132007000300016. Acesso em: 5 ago. 2020.

[135] KINOSHITA *et al.*, 2006.

[136] REIS *et al.*, 2012.

[137] REIS *et al.*, 2012.

A predominância de polinização e dispersão realizada por animais demonstra a necessidade de estabelecer fragmentos maiores ou menores com conexões entre si[138]. Dezenove espécies de aves consumindo frutos de *Miconia albicans*, coincidindo com a estação chuvosa, e a altura das árvores foi um fator relevante na atração de aves.

A maioria das espécies apresentou síndrome de dispersão zoocórica (39,7%), anemocórica (35,3%) e barocórica (14,7%) (Gráfico 3). As síndromes de dispersão autocórica (7,8%) e hidrocórica (2,6%) manifestaram percentagem baixa. Os resultados apresentados pela síndrome de dispersão eram esperados devido à seleção das espécies arbóreas para produtos não madeireiros, o que resultou em registros de um maior número de espécies atrativas à fauna.

Esses resultados indicam como se faz necessária a conservação desses fragmentos para a movimentação da fauna, não importando o tamanho dos fragmentos. Essa conexão entre os fragmentos e a movimentação de animais por abrigo e alimento permite o transporte de sementes, garantindo a troca e manutenção de espécies entre os fragmentos.

Gráfico 3 – Distribuição percentual da síndrome de dispersão das espécies arbóreas registradas nos fragmentos no município de Três Lagoas, MS

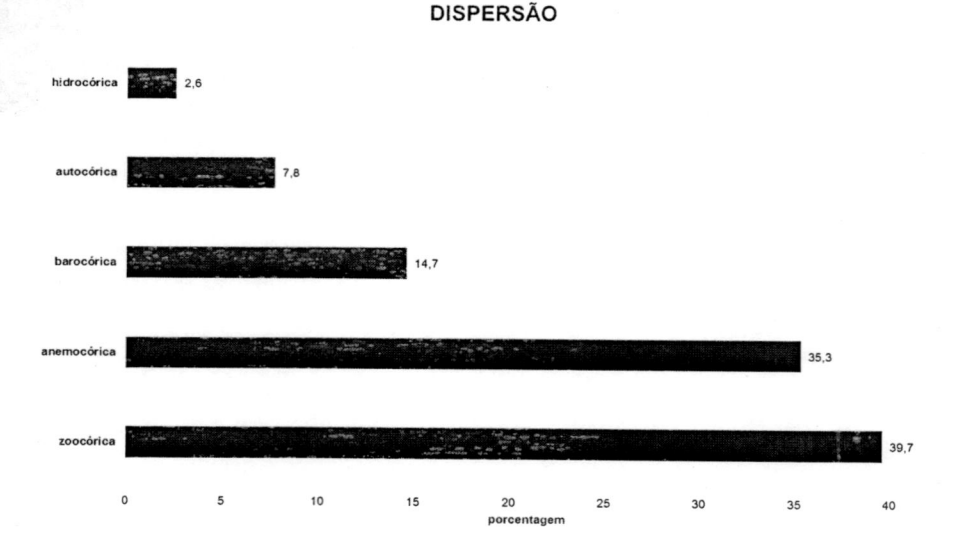

DISPERSÃO

Síndrome	Percentagem
hidrocórica	2,6
autocórica	7,8
barocórica	14,7
anemocórica	35,3
zoocórica	39,7

Fonte: elaboração do próprio autor

---

[138] ALLENSPACH; DIAS, 2012.

Estudiosos[139] relataram que o tipo predominante de dispersão de diásporos também diferia entre os estratos verticais em florestas tropicais. Que as síndromes anemocóricas têm sido encontradas em áreas de vegetação mais aberta[140] e nas margens das matas[141]. E que a dispersão zoocórica com frutos ou sementes pesados e numerosos predominaria nos estratos mais baixos da floresta, nos quais a vida animal seria mais intensa[142].

Porém, não é o que predomina nos fragmentos estudados, em que ocorreu maior quantidade de síndrome zoocórica, sendo as árvores avaliadas de porte arbóreo e também por grande quantidade de síndrome anemocoria em árvores avaliadas no interior dos fragmentos. Corroborando o estudo[143], fragmentos de Cerrado no sul do estado de Tocantins registraram 2.654 indivíduos, 81 espécies, sendo 51,5% dos indivíduos enquadrados na síndrome de dispersão zoocórica, 39,6% anemocórica, 8,64% autocórica, e concluíram que as espécies zoocóricas são dominantes nesse fragmento de Cerrado.

A baixa percentagem para dispersão autocórica é devido ao tipo de frutos que esta possui, sendo a maioria de fruto seco, e a hidrocórica está associada à presença de água, e, nesse caso, a maioria dos fragmentos está em locais secos.

Quanto ao grupo sucessional pela literatura, as espécies apresentaram secundária inicial (37,2%), secundária tardia (26,8%), pioneira (26,8%) e clímax (9,1%) (Gráfico 4). Esses resultados caracterizam os fragmentos em processo inicial de recuperação da vegetação. Pois apresentam porcentagem alta em pioneira e secundária inicial, características de ambientes em fase inicial de sucessão. Para o agrupamento sucessional proposto para as espécies registradas nos fragmentos verifica-se 28,0% (inicial), 48,8% (intermediária) e 23,2% (final) (Gráfico 5). Dados que apontam uma sucessão avançada, com características de uma fitofisionomia de Cerrado para Cerradão.

Contribuindo com os resultados obtidos no estudo do estádio sucessional e distribuição de espécies do Cerrado do campus da Universidade

---

[139] YAMAMOTO; KINOSHITA; MARTINS, 2007.
[140] DREZNER, T. D.; FALL, P. L.; STROMBERG, J. C. Plant distribution and dispersal mechanisms at the Hassayampa River Preserve, Arizona, USA. **Global Ecology and Biogeography**, [s. l.], v. 10, n. 2, p. 205-217, 2001. Disponível em: https://doi.org/10.1046/j.1466-822x.2001.00216.x. Acesso em: 6 jan. 2019; HOWE, H. F.; SMALLWOOD, J. Ecology of Seed Dispersal. **Annual Review of Ecology and Systematics**, [s. l.], v. 13, n. 1, p. 201-228, 1982. Disponível em: https://doi.org/10.1146/annurev.es.13.110182.001221. Acesso em: 6 jan. 2019.
[141] OLIVEIRA, P. E. A.; MOREIRA, A. Anemocoria em espécies de Cerrado e mata de galeria de Brasília, DF. **Revista Brasileira de Botânica**, Brasília, Distrito Federal, v. 15, p. 163-174, 1992.
[142] ROTH, I. **Stratification of a tropical forest as seen in dispersal types**. Dordrecht: Springer Netherlands, 1986. (Tasks for vegetation science). v. 17 Disponível em: https://doi.org/10.1007/978-94-009-4826-6. Acesso em: 17 out. 2018.
[143] OLIVEIRA et al., 2018.

Estadual de Goiás, onde a abundância de espécies como *Q. grandiflora*, *B. crasssa* e interferências antrópicas no local, incluindo queimadas, indicam que essa formação de Cerrado se encontra numa fase intermediária de sucessão, apresentando espécies de colonizadoras a emergentes[144].

Gráfico 4 – Distribuição percentual sucessional das espécies arbóreas registradas nos fragmentos no município de Três Lagoas (MS) conforme consulta à literatura

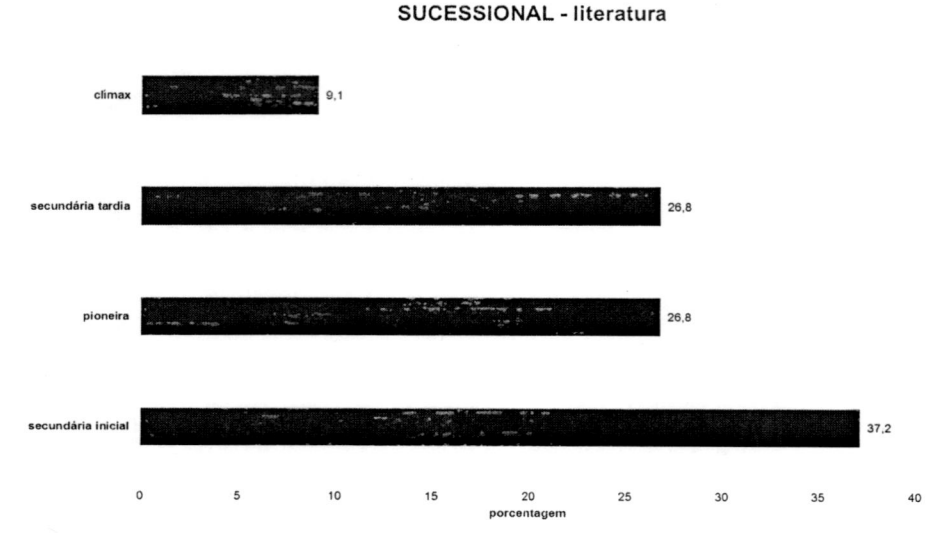

SUCESSIONAL - literatura

- clímax: 9,1
- secundária tardia: 26,8
- pioneira: 26,8
- secundária inicial: 37,2

porcentagem

Fonte: elaboração do próprio autor

Em estudo conduzido na cidade de Gurupi (TO), no estrato arbustivo arbóreo de três áreas de Cerrado *sensu stricto*, as espécies estão presentes nos grupos sucessionais das pioneiras e secundárias iniciais, sendo 57,13%, 62,35% e 67,18% do total de espécies, o agrupamento ecológico das espécies foi baseado em consultas a literatura especializada[145]. Esses trabalhos corroboram o presente estudo para a avaliação de sucessão pela literatura[146].

---

[144] CARVALHO, A. R.; MARQUES-ALVES, S. Diversidade e índice sucessional de uma vegetação de Cerrado sensu stricto na Universidade Estadual de Goiás-UEG, campus de Anápolis. **Revista Árvore**, [s. l.], v. 32, n. 1, p. 81-90, 2008. Disponível em: https://doi.org/10.1590/S0100-67622008000100010. Acesso em: 12 jan. 2019.
[145] FERREIRA, R. Q. de S. *et al*. Grupos ecológicos e distribuição das espécies em peculiares e acessórias de três áreas de Cerrado sensu stricto, Tocantins. **GLOBAL SCIENCE AND TECHNOLOGY**, [s. l.], v. 9, n. 3, 2017. Disponível em: https://rv.ifgoiano.edu.br/periodicos/index.php/gst/article/view/833. Acesso em: 22 jan. 2019.
[146] PINHEIRO; DURIGAN, 2009.

A proteção contra o fogo e a suspensão de atividades agropastoris possibilitaram uma evolução gradativa das formações abertas (campo, campo Cerrado e Cerrado típico) para outras mais fechadas (Cerrado denso e Cerradão), tendendo as primeiras ao desaparecimento, caso não ocorram novos distúrbios.

Gráfico 5 – Distribuição percentual sucessional proposta para as espécies arbóreas registradas nos fragmentos no município de Três Lagoas, MS

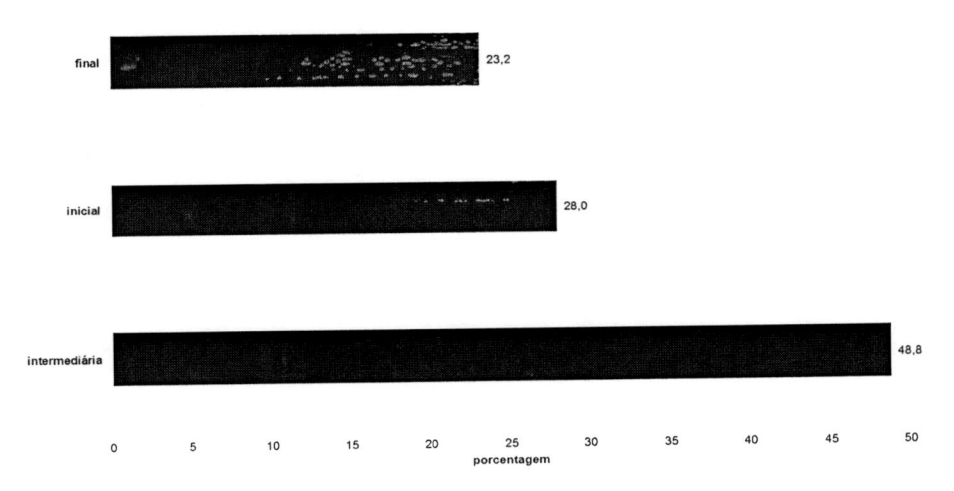

SUCESSIONAL - Cerrado

Estágio	Porcentagem
final	23,2
inicial	28,0
intermediária	48,8

Fonte: elaboração do próprio autor

Para a sucessão proposta considerando uma avaliação *in loco* da vegetação superior, sendo esses indivíduos reprodutivos, conforme os autores mencionam, fragmentos isolados contra fogo tendem a uma evolução gradativa para formações vegetais mais fechadas, comprovada pela sucessão proposta para esses ambientes.

No levantamento da diversidade de espécies arbóreas por caminhamento, no fragmento da fazenda Duas Marias foram encontradas 7 famílias e 17 espécies arbóreas. *Fabaceae* (10); *Vochysiaceae* (1); *Combretaceae* (2); *Apocynaceae* (1); *Bignoniaceae* (1); *Sapindaceae* (1) e *Sapotaceae* (1). Na fazenda São Marcos foram identificadas 6 famílias: Fabaceae (3); Vochysiaceae (1); Annonaceae (2); Malvaceae (2); Combretaceae (1) e Proteaceae (1) e 10 espécies arbóreas (Tabela 3).

Foram identificadas 16 famílias e 28 espécies arbóreas na fazenda Rodeio. As famílias são: Vochysiaceae (2); Fabaceae (10); Malvaceae (2); Apocynaceae (2); Annonaceae (1); Combretaceae (1); Bignoniaceae (1); Sapindaceae (1); Anacardiaceae (1); Rubiaceae (1); Arecaceae (1); Euphorbiaceae (1); Lauraceae (1); Polygonaceae (1); Melastomataceae (1) e Myrtaceae (1) (Tabela 3).

Nas fazendas que tiveram levantamentos florísticos em mais de um fragmento, analisou-se a semelhança das espécies entre esses fragmentos pelo diagrama de *Venn*. Assim foi possível visualizar as diferenças que há entre esses fragmentos pela ocorrência das espécies comuns e exclusivas de cada local.

Na fazenda Barra do Moeda foram visitados dois fragmentos denominados de BM1 e BM2 (Figura 2). No BM1 foram identificadas 14 famílias e no BM2 19. Com base no diagrama de *Venn* da Barra do Moeda verificou-se que 4 espécies foram comuns aos dois fragmentos estudados nessa fazenda. Quanto às espécies exclusivas, foram identificadas 14 no BM1 e 19 no BM2.

Figura 2 – Distribuição das espécies nos fragmentos da Fazenda Barra do Moeda

Fazenda Barra do Moeda

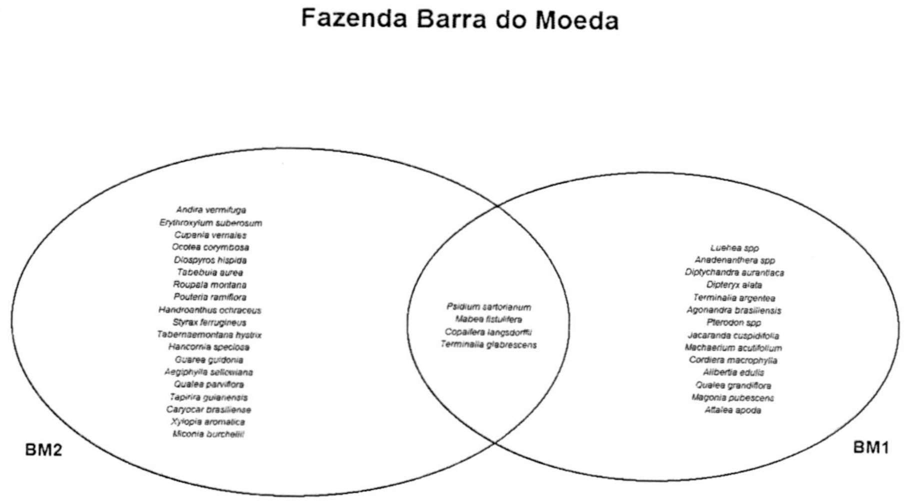

Fonte: elaboração do próprio autor

Os dois fragmentos visitados na fazenda Santa Luzia apresentaram 7 espécies comuns (Figura 3). Quanto às espécies exclusivas foram levantadas 7 no SL1 e 26 espécies no SL2. Nessa fazenda foram identificadas 10 famílias no SL1 e 22 no SL2.

Figura 3 – Distribuição das espécies nos fragmentos da Fazenda Santa Luzia

Fazenda Santa Luzia

SL2: Pterogyne nitens, Peltophorum dubium, Mabea fistulifera, Roupala montana, Cedrela fissilis, Cecropia spp, Apuleia leiocarpa, Pouteria torta, Inga spp, Handroanthus ochraceus, Handroanthus heptaphyllus, Machaerium opacum, Hymenaea courbaril, Genipa americana, Cordia glabrata, Terminalia glabrescens, Gallesia integrifolia, Qualea parviflora, Qualea grandiflora, Tapirira guianensis, Aspidosperma polyneuron, Xylopia aromatica, Croton urucurana, Triplaris americana, Attalea apoda, Cordia trichotoma

Comuns: Anadenanthera spp, Copaifera langsdorffii, Dimorphandra mollis, Machaerium acutifolium, Hymenaea stigonocarpa, Eriotheca pubescens, Caryocar brasiliense

SL1: Andira vermifuga, Dipteryx alata, Pterodon spp, Astronium fraxinifolium, Simarouba versicolor, Kielmeyera coriacea, Magonia pubescens

Fonte: elaboração do próprio autor

Foram levantados três fragmentos na Rio Verde A, identificando 12 famílias no RVA1, 13 no RVA2 e 10 no RVA3 (Figura 4). Sendo 7 espécies comuns nos três fragmentos. E entre RVA1 e RVA2 11 espécies, e entre RVA1 e RVA3 8 espécies comuns entre eles. Já entre o fragmento RVA2 e RVA3 apresentaram 10 espécies comuns. Quanto às espécies exclusivas, foram identificadas 5 no RVA1, 12 no RVA2 e 4 no RVA3.

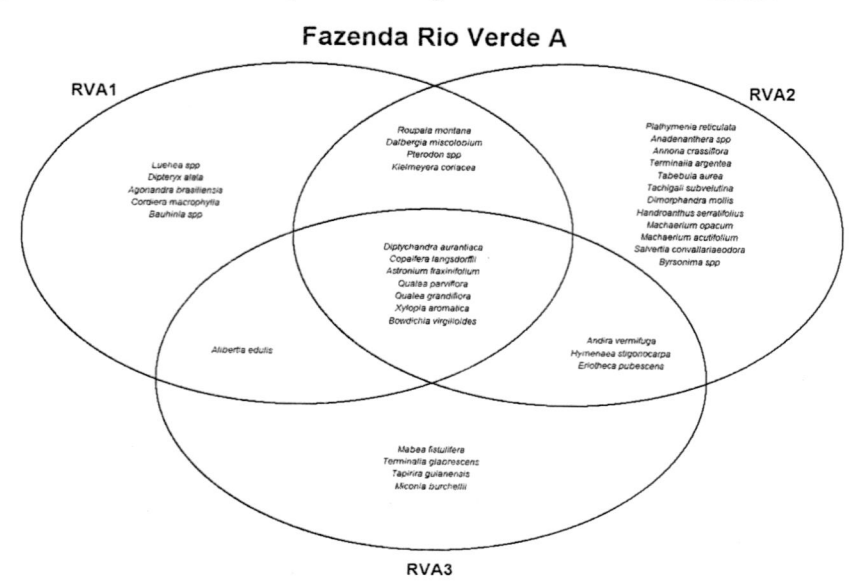

Figura 4 – Distribuição das espécies nos fragmentos da Fazenda Rio Verde A

Fazenda Rio Verde A

RVA1 / RVA2 / RVA3

RVA1: Luehea spp, Dipteryx alata, Agonandra brasiliensis, Cordiera macrophylla, Bauhinia spp

RVA1 ∩ RVA2: Roupala montana, Dalbergia miscolobium, Pterodon spp, Kielmeyera coriacea

RVA2: Plathymenia reticulata, Anadenanthera spp, Annona crassiflora, Terminalia argentea, Tabebuia aurea, Tachigali subvelutina, Dimorphandra mollis, Handroanthus serratifolius, Machaerium opacum, Machaerium acutifolium, Salvertia convallariaeodora, Byrsonima spp

RVA1 ∩ RVA2 ∩ RVA3: Diptychandra aurantiaca, Copaifera langsdorffii, Astronium fraxinifolium, Qualea parviflora, Qualea grandiflora, Xylopia aromatica, Bowdichia virgilioides

RVA1 ∩ RVA3: Alibertia edulis

RVA2 ∩ RVA3: Andira vermifuga, Hymenaea stigonocarpa, Eriotheca pubescens

RVA3: Mabea fistulifera, Terminalia glabrescens, Tapirira guianensis, Miconia burchellii

Fonte: elaboração do próprio autor

Na fazenda Curucaca, foram estudados quatro fragmentos (Figura 5). Nesses fragmentos as famílias foram identificadas 11 no C1, 13 no C2, 18 no C3 e 13 no C4. Quanto às espécies exclusivas foram identificas 6 no C1, 12 no C2, 5 no C3 e C4. Para as intersecções no diagrama de *Venn* da fazenda Curucaca consideradas espécies comuns entre os fragmentos, foram identificadas 15 na C1∩C2; 9 na C4∩C2; 15 na C3∩C2; 9 na C4∩C3; 1 na C1∩C3∩C4; 4 na C1∩C3∩C2; 4 na C3∩C4∩C2. As demais interações C4∩C2∩C1; C1∩C3 e C1∩C4 não apresentaram espécies comuns. Foram 3 espécies comuns aos quatro fragmentos.

Figura 5 – Distribuição das espécies nos fragmentos da Fazenda Curucaca

Fazenda Curucaca

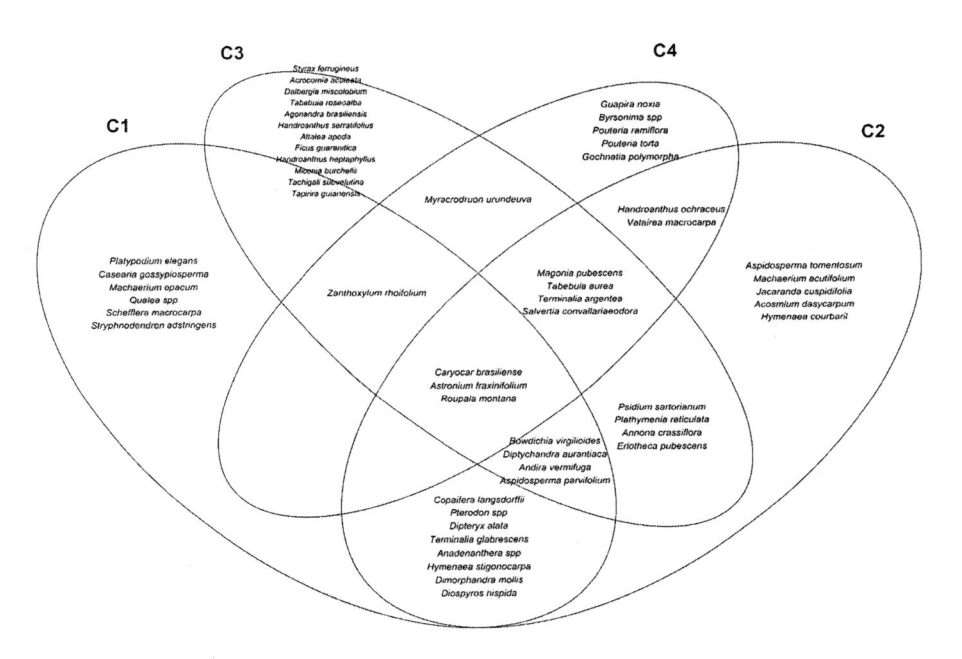

[Diagrama de Venn com quatro conjuntos C1, C2, C3, C4]

C3:
Styrax ferrugineus
Acrocomia aculeata
Dalbergia miscolobium
Tabebuia roseoalba
Agonandra brasiliensis
Handroanthus serratifolius
Attalea apoda
Ficus guaranitica
Handroanthus heptaphyllus
Miconia burchellii
Tachigali subvelutina
Tapirira guaranensis

C4:
Guapira noxia
Byrsonima spp
Pouteria ramiflora
Pouteria torta
Gochnatia polymorpha

Myracrodruon urundeuva

Handroanthus ochraceus
Vatairea macrocarpa

C1:
Platypodium elegans
Casearia gossypiosperma
Machaerium opacum
Qualea spp
Schefflera macrocarpa
Stryphnodendron adstringens

Zanthoxylum rhoifolium

Magonia pubescens
Tabebuia aurea
Terminalia argentea
Salvertia convallariaeodora

C2:
Aspidosperma tomentosum
Machaerium acutifolium
Jacaranda cuspidifolia
Acosmium dasycarpum
Hymenaea courbaril

Caryocar brasiliense
Astronium fraxinifolium
Roupala montana

Psidium sartorianum
Plathymenia reticulata
Annona crassiflora
Eriotheca pubescens

Bowdichia virgilioides
Diptychandra aurantiaca
Andira vermifuga
Aspidosperma parvifolium

Copaifera langsdorffii
Pterodon spp
Dipteryx alata
Terminalia glabrescens
Anadenanthera spp
Hymenaea stigonocarpa
Dimorphandra mollis
Diospyros hispida

Fonte: elaboração do próprio autor

Com base nos diagramas de *Venn* dos fragmentos, de cada fazenda, verificou-se como a distribuição das espécies arbóreas ocorre entre eles. Dessa forma, é possível observar a variação dessas espécies comuns e exclusivas de cada localidade. Nota-se que essa distribuição se altera, e que, de modo geral, as espécies comuns entre os fragmentos são a maioria. No entanto, cada fragmento tem suas espécies exclusivas, ou seja, possui diferenças para a composição das espécies estudadas[147]. Conhecer a composição florística e a estrutura da vegetação é imprescindível quando se trata da conservação da biodiversidade e das condições ambientais.

Provavelmente isso ocorra devido às diferenças de perturbação antrópica e sua intensidade ao longo do tempo. Outro fator a se considerar é a

---

[147] CARVALHO; BERNACCI; COELHO, 2013.

plasticidade do Bioma Cerrado. Deve-se considerar a localização desses fragmentos na paisagem, pois o Cerrado abriga uma enorme variedade de formações florísticas que alteram o espaço do relevo.

A comparação de espécies arbóreas entre as fazendas foi feita por meio do índice de similaridade de Jaccard, que expressa a semelhança entre ambientes, baseando-se no número de espécies comuns. A similaridade de Jaccard é um coeficiente que varia de 0 a 1, em que valores próximos de zero indicam ambientes similares, e próximos a 1 ambientes distintos.

O dendrograma de similaridade (Figura 6) das espécies de estudo apresenta três grupos distintos de fragmentos. Assim, constatou-se que houve relação entre a localização geográfica dos fragmentos e a formação dos grupos.

Evidencia-se que o primeiro grupo de fragmentos constituído por C4 e C1 localizados na Fazenda Curucaca apresenta composição de espécies similares, por apresentarem coeficiente de Jaccard próximos de zero.

O segundo grupo foi formado pelos fragmentos localizados nas Fazendas Rodeio, Duas Marias, Barra do Moeda, Curucaca, Santa Luzia e Rio Verde A. Esse grupo pode ser dividido em dois subgrupos: o primeiro representando os fragmentos denominados de R, DM e BM1; o segundo subgrupo foi formado pelos fragmentos C3, SL1, RVA2 e C2.

O terceiro grupo foi formado pelas fazendas Santa Maria, Rio Verde A, Barra do Moeda e Santa Luzia. Esse terceiro grupo também foi dividido em dois subgrupos: o primeiro formado pelos fragmentos SM, RVA3 e RVA1 e o segundo subgrupo formado por BM2 e SL2. Esse grupo é o que possui espécies arbóreas mais distintas dos demais grupos de fragmentos.

O segundo e terceiro grupos de fragmentos apresentam composição de espécies distintas dos demais fragmentos e entre eles, por apresentarem coeficiente de Jaccard acima de 0,75 e 0,90 respectivamente.

A similaridade das espécies entre todos os fragmentos está em torno de 60%, essa diferença está baseada na presença ou ausência de espécie de interesse de estudo nos fragmentos de Cerrado. O componente arbóreo entre os fragmentos apresenta a existência de padrões fitogeográficos baseados na distribuição das espécies. As diferenças indicam que as espécies se distribuírem espacialmente em mosaicos e mesmo as comunidades próximas apresentam-se florísticas e são estruturalmente diferenciadas. Em se tratando de espécies de Cerrado o relevo influencia muito nessa distribuição espacial, pois as características de solo e presença ou ausência de água mudam toda a composição florística das espécies de Cerrado[148].

---

[148] FERNANDES et al., 2016.

As mudanças no clima e no solo que ocorrem ao longo de gradientes altitudinais influenciam na ecologia, na evolução e na geografia das espécies[149]. As influências individuais e combinadas de substratos, fatores climáticos e espaciais na dissimilaridade florística-estrutural entre duas fisionomias de savana na região central das savanas brasileiras apresentaram diferenças na abundância de espécies lenhosas reguladas principalmente pelas propriedades do solo e topográficas.

Figura 6 – Dendrograma de análise aglomerativa das espécies florestais que ocorrem nos fragmentos no município de Três Lagoas, MS, utilizando-se o coeficiente de Similaridade de Jaccard. Fazendas SM (Santa Maria); SL (Santa Luzia); C (Curucaca); RVA (Rio Verde A); BM (Barra do Moeda); DM (Duas Marias); R (Rodeio)

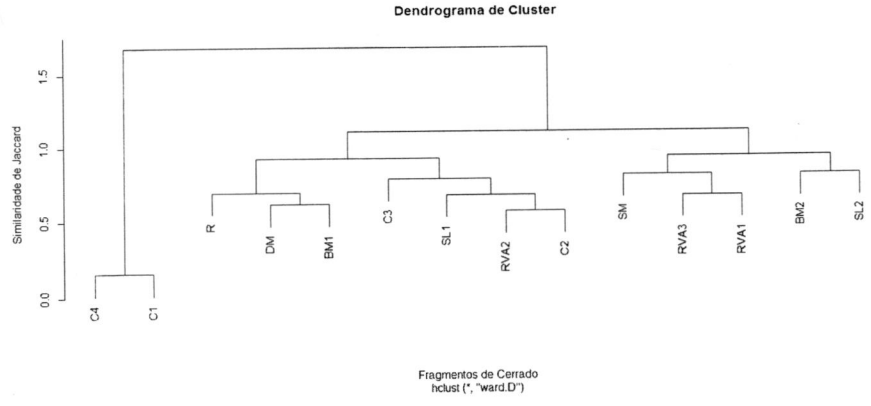

Fonte: elaboração do próprio autor

Para o escalonamento multidimensional não métrico (NMDS), as fazendas que possuem uma composição de espécies muito semelhantes aparecerão próximas umas das outras, enquanto as fazendas que têm composições de espécies diferentes estarão mais distantes umas das outras.

Para as ordenações de escalonamento multidimensional não métrico (Figura 7), considerando a composição de espécies arbóreas do levantamento qualitativo, foram formados grupos para as fazendas (*stress* = 0,12). Verificou-se que algumas espécies arbóreas influenciaram na formação desses grupos, e pode-se destacar a *Annona coriacea* para a fazenda Santa Maria, *Triplaris americana* para Santa Luzia e *Vochysia divergens* para as fazendas Rodeio e Duas Marias.

[149] MEWS et al., 2016.

Figura 7 – Escalonamento multidimensional não métrico (NMDS) baseando-se na similaridade de Jaccard para a ocorrência de espécies arbóreas nas fazendas do município de Três Lagoas, MS

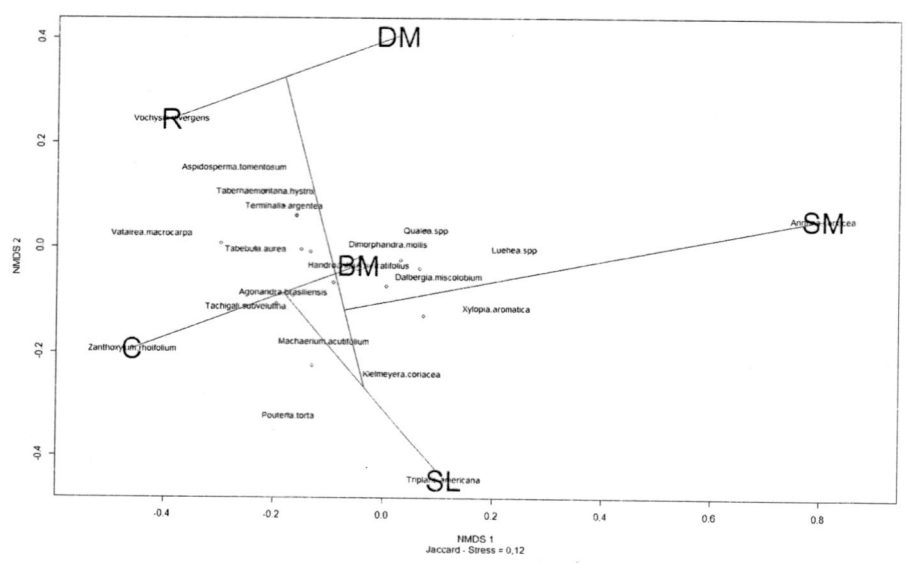

C1 – Curucaca 1; C2 – Curucaca 2; C3 – Curucaca 3; C4 – Curucaca 4; DM – Duas Marias; BM1 – Barra do Moeda 1; BM2 – Barra do Moeda 2; R – Rodeio; RVA1 – Rio Verde A 1; RVA2 – Rio Verde A 2; RVA3 – Rio Verde A 3; SM – Santa Maria; SL1 – Santa Luzia 1; SL2 – Santa Luzia 2.
Fonte: elaboração do próprio autor

Naturalmente a estrutura de famílias altera ao longo do tempo, o mesmo ocorre com as espécies, a indicar uma complexa interação de sucessão ecológica. Essa composição florística muda ao longo do tempo e espaço, conforme as condições ambientais vão se alterando em termos de luz, material orgânico, disponibilidade de nutrientes e competição entre espécies[150]. Pesquisadores encontraram uma forte estrutura de dependência espacial observada entre as variáveis riqueza e diversidade de espécies em 2003 e 2014.

A grande preocupação com a fragmentação é o isolamento desses ambientes, o que desfavorece a troca de fluxo gênico que garanta a continuidade das espécies ali estabelecidas. Pelas distâncias geográficas observadas

---

[150] BATISTA et al., 2016.

nos fragmentos florestais, dentro das fazendas pode-se considerar que estes não estão isolados, devido às curtas distâncias entre eles, que são facilmente superadas pelos polinizadores das espécies arbóreas de estudo.

Entre as fazendas pode-se considerar uma ligação entre elas. Pois estas apresentam distâncias curtas com mais de uma localidade, que garantem fluxo gênico com mais de um fragmento. Claro que há também as grandes distâncias que ocorrem. Esses fragmentos podem ser considerados isolados, se for considerado apenas essas grandes distâncias. Esse isolamento poderia ser superado com um corredor ecológico eficiente que garanta o fluxo gênico por mamíferos ou aves de voo longo. Outro ponto de vista é o estabelecimento das APP e Reservas Legais, exigidas por lei. Sendo estas mantidas, respeitando os critérios de conservação, formam um mosaico de fragmentos conectados na paisagem, que servem de deslocamento entre os fragmentos, garantindo o fluxo gênico entre esses fragmentos de longas distâncias.

Uma alternativa para promover o fluxo gênico entre os remanescentes florestais do Pontal do Paranapanema[151] seria o estabelecimento de sistemas agroflorestais pelos agricultores assentados, os quais atuariam como trampolins ecológicos, favorecendo a dispersão de pólen e sementes entre fragmentos[152].

Um parâmetro importante a ser destacado, com importância futura para o manejo, é o de fluxo gênico entre indivíduos remanescentes pós--manejo, considerando que esses padrões variam em função do tipo de polinizador e, por conseguinte, pela distância de voo dos vetores de pólen e sementes. A maioria das espécies arbóreas tropicais exige polinizadores especializados para a produção de sementes, fazendo com que esse parâmetro deva ser considerado essencial no manejo da floresta tropical. Porém, o mesmo ainda não foi adequadamente incorporado pelos manejadores e nem pelos certificadores do manejo.

O grande desafio do Brasil até 2030 é de recuperar cerca de 22 milhões de hectares de florestas, compromisso assumido internacionalmente nas convenções de biodiversidade e clima. Nesse contexto, os fragmentos florestais são uma fonte essencial de germoplasma para recuperação dessas áreas. Estima-se que cerca de 11 milhões de hectares sejam de áreas de Reserva Legal para serem recuperados.

---

[151] MARTINS et al., 2008.
[152] KAGEYAMA, 2005.

Entre as 89 espécies registradas, 20 apresentaram as maiores frequências, contribuindo com 50,86% da representatividade de espécies (Tabela 5). Essas espécies sugerem uma maior similaridade entre os fragmentos estudados, por serem de maior ocorrência, representando um bom indicativo de uso para coleta de sementes.

As 20 espécies de maior ocorrência (Tabela 5) foram: *Copaifera langsdorffii; Qualea* spp.*; Roupala montana; Andira vermífuga; Astronium fraxinifolium; Diptychandra aurantiaca; Eriotheca pubescens; Magonia pubescens; Terminalia argentea; Anadenanthera* spp.*; Caryocar brasiliense; Dimorphandra mollis; Pterodon* spp.*; Tabebuia aurea; Terminalia glabrescens; Bowdichia virgilioides; Dipteryx alata; Handroanthus ochraceus; Hymenaea stigonocarpa; Xylopia aromática*, que juntas representam 50,86% do total da frequência acumulada das espécies registradas nos fragmentos de Cerrado no Município de Três Lagoas, MS.

Tabela 5 – Ocorrências das espécies arbóreas identificadas nos fragmentos no município de Três Lagoas, MS

Conta	Espécies	Frequência Absoluta	Frequência Relativa (%)	Frequência Acumulada (%)
1	*Copaifera langsdorffii*	10	3,44	3,44
2	*Qualea* spp	9	3,09	6,53
3	*Roupala montana*	9	3,09	9,62
4	*Andira vermifuga*	8	2,75	12,37
5	*Astronium fraxinifolium*	8	2,75	15,12
6	*Diptychandra aurantiaca*	8	2,75	17,87
7	*Eriotheca pubescens*	8	2,75	20,62
8	*Magonia pubescens*	8	2,75	23,37
9	*Terminalia argentea*	8	2,75	26,12
10	*Anadenanthera* spp	7	2,41	28,52
11	*Caryocar brasiliense*	7	2,41	30,93
12	*Dimorphandra mollis*	7	2,41	33,33
13	*Pterodon* spp	7	2,41	35,74
14	*Tabebuia aurea*	7	2,41	38,14
15	*Terminalia glabrescens*	7	2,41	40,55
16	*Bowdichia virgilioides*	6	2,06	42,61

Conta	Espécies	Frequência Absoluta	Frequência Relativa (%)	Frequência Acumulada (%)
17	*Dipteryx alata*	6	2,06	44,67
18	*Handroanthus ochraceus*	6	2,06	46,74
19	*Hymenaea stigonocarpa*	6	2,06	48,80
20	*Xylopia aromatica*	6	2,06	50,86
21	*Mabea fistulifera*	5	1,72	52,58
22	*Machaerium acutifolium*	5	1,72	54,30
23	*Plathymenia reticulata*	5	1,72	56,01
24	*Psidium sartorianum*	5	1,72	57,73
25	*Salvertia convallariaeodora*	5	1,72	59,45
26	*Tapirira guianensis*	5	1,72	61,17
27	*Alibertia edulis*	4	1,37	62,54
28	*Attalea apoda*	4	1,37	63,92
29	*Dalbergia miscolobium*	4	1,37	65,29
30	*Miconia burchellii*	4	1,37	66,67
31	*Pouteria ramiflora*	4	1,37	68,04
32	*Vatairea macrocarpa*	4	1,37	69,42
33	*Agonandra brasiliensis*	3	1,03	70,45
34	*Annona crassiflora*	3	1,03	71,48
35	*Aspidosperma tomentosum*	3	1,03	72,51
36	*Byrsonima* spp	3	1,03	73,54
37	*Jacaranda cuspidifolia*	3	1,03	74,57
38	*Kielmeyera coriacea*	3	1,03	75,60
39	*Luehea* spp	3	1,03	76,63
40	*Machaerium opacum*	3	1,03	77,66
41	*Myracrodruon urundeuva*	3	1,03	78,69
42	*Pouteria torta*	3	1,03	79,73
43	*Zanthoxylum rhoifolium*	3	1,03	80,76
44	*Aspidosperma parvifolium*	2	0,69	81,44
45	*Cordiera macrophylla*	2	0,69	82,13
46	*Diospyros hispida*	2	0,69	82,82
47	*Gochnatia polymorpha*	2	0,69	83,51
48	*Guapira noxia*	2	0,69	84,19

Conta	Espécies	Frequência Absoluta	Frequência Relativa (%)	Frequência Acumulada (%)
49	Handroanthus heptaphyllus	2	0,69	84,88
50	Hymenaea courbaril	2	0,69	85,57
51	Styrax ferrugineus	2	0,69	86,25
52	Tabernaemontana hystrix	2	0,69	86,94
53	Tachigali subvelutina	2	0,69	87,63
54	Acosmium dasycarpum	1	0,34	87,97
55	Acrocomia aculeata	1	0,34	88,32
56	Aegiphylla sellowiana	1	0,34	88,66
57	Annona coriacea	1	0,34	89,00
58	Apuleia leiocarpa	1	0,34	89,35
59	Aspidosperma polyneuron	1	0,34	89,69
60	Bauhinia spp	1	0,34	90,03
61	Casearia gossypiosperma	1	0,34	90,38
62	Cecropia spp	1	0,34	90,72
63	Cedrella fissilis	1	0,34	91,07
64	Coccoloba mollis	1	0,34	91,41
65	Cordia glabrata	1	0,34	91,75
66	Cordia trichotoma	1	0,34	92,10
67	Croton urucurana	1	0,34	92,44
68	Cupania vernales	1	0,34	92,78
69	Erythroxylum suberosum	1	0,34	93,13
70	Ficus guaranitica	1	0,34	93,47
71	Gallesia integrifolia	1	0,34	93,81
72	Genipa americana	1	0,34	94,16
73	Guarea guidonia	1	0,34	94,50
74	Guatteria australis	1	0,34	94,85
75	Hancornia speciosa	1	0,34	95,19
76	Handroanthus serratifolius	1	0,34	95,53
77	Inga spp	1	0,34	95,88
78	Ocotea corymbosa	1	0,34	96,22
79	Ocotea puberula	1	0,34	96,56
80	Peltophorum dubium	1	0,34	96,91

Conta	Espécies	Frequência Absoluta	Frequência Relativa (%)	Frequência Acumulada (%)
81	Platypodium elegans	1	0,34	97,25
82	Pseudobombax spp	1	0,34	97,59
83	Pterogyne nitens	1	0,34	97,94
84	Schefflera macrocarpa	1	0,34	98,28
85	Simarouba versicolor	1	0,34	98,63
86	Stryphnodendron adstringens	1	0,34	98,97
87	Tabebuia roseoalba	1	0,34	99,31
88	Triplaris americana	1	0,34	99,66
89	Vochysia divergens	1	0,34	100,00
	TOTAL	291	100,00	

Fonte: elaboração do próprio autor

As espécies mais importantes estruturalmente no Cerradão foram *Myrcia splendens, Pterodon pubescens, Xylopia sericea, Roupala montana, Syagrus comosa, Emmotum nitens, Mezilaurus crassiramea, Pouteria ramiflora, Qualea grandiflora* e *Tachigali vulgaris* (53,6% do total)[153]. No Cerrado denso, as espécies mais importantes foram *E. nitens, Mouriri elliptica, S. comosa, M. splendens, R. montana, P. ramiflora, X. sericea, Myrcia multiflora, Bowdichia virgilioides,* e *M. crassiramea* (50,9% do total), enquanto no Cerrado típico, eles eram *S. comosa, Davilla elliptica, Qualea parviflora, M. crassiramea, Byrsonima verbascifolia, Myrcia rimosa, Eugenia dysenterica, Byrsonima coccolobifolia* e *Curatella americana* (49,4% do total)[154].

A estrutura de uma vegetação de Cerrado no campus da Universidade Estadual de Goiás aponta que *Qualea grandiflora* foi uma das espécies mais abundantes, característica de Cerrado *sensu stricto*.

Com base nas 20 espécies mais abundantes registradas[155], as espécies arbóreas mais frequentes no Cerradão são *Copaifera langsdorffii; Magonia pubescens; Xylopia aromática.* E as espécies normalmente encontradas[156] são *Qualea* spp*; Dimorphandra mollis; Pterodon* spp.*; Bowdichia virgilioides.*

As espécies *Copaifera langsdorffii; Anadenanthera colubrina; Handroanthus chrysotrichus; Hymenaea stigonocarpa; Myracrodruon urundeuva* e muitas

---
[153] MARACAHIPES SANTOS *et al.*, 2015.
[154] CARVALHO; MARQUES-ALVES, 2008.
[155] BRASIL, 2007.
[156] RATTER *et al.*, 1978; RIZZINI; HERINGER, 1962.

outras que se restringiam às florestas de-galeria no Cerrado, ao atingirem o planalto subtropical, com chuvas bem distribuídas e temperatura média de 18ºC, passaram a dominar a paisagem[157].

Pesquisadores estudando o Cerrado brasileiro em dois substratos, um em solos rochosos, conhecidos como Cerrado Rochoso, e o outro localizado em terrenos planos com solos profundos, conhecidos como Cerrado Típico, concluíram que seus resultados têm implicações importantes para a conservação da flora lenhosa da zona de transição Cerrado, dada a evidência da ocorrência de floras ricas e complementares nos solos rochosos e solos profundos, bem como a ocorrência de espécies preferencialmente ou exclusivamente em cada um dos substratos avaliados[158].

E com a previsão de crescimento dos *commodities* em área de Cerrado, aumentará o desmatamento, tendo uma perspectiva de extinção de mais de 480 espécies endêmicas de plantas – mais de três vezes de todas as extinções de plantas documentadas desde o ano 1500[159].

Portanto, os fragmentos de Cerrado são uma fonte imensurável para produção de sementes para recuperação de ambientes degradados, sem valorizar os serviços ecossistêmicos que estes mantêm em relação à conservação dos corpos d'água e à proteção para a fauna[160].

Estudiosos verificaram que as espécies *Maclura tinctoria, Myracrodruon urundeuva, Cedrela odorata, Peltophorum dubium* e *Anadenanthera colubrina* apresentaram potencial para recomposição da cobertura florestal da pastagem degradada, por apresentarem alta taxa de sobrevivência (100%)[161].

As espécies *Handroanthus impetiginosus* e *Handroanthus serratifolius, Cedrela fissilis* e *Hymenaea courbaril* são as mais importantes espécies madeireiras do Cerrado e da Floresta Estacional e algumas das melhores do Brasil.

Algumas espécies registradas na Tabela 5 poderão ou já apresentam usos consagrados na arborização como *Tabebuia aurea, Tabebuia roseoalba, Triplaris americana;* como alimento *Cariocar brasiliense, Acrocomia aculeata, Dipteryx alata, Genipa americana, Pouteria ramiflora, Pouteria torta* e as *Annona crassiflora* e *Annona coriacea.*

---

[157] IBGE. **Manual técnico da vegetação brasileira:** sistema fitogeográfico, inventário das formações florestais e campestres, técnicas e manejo de coleções botânicas, procedimentos para mapeamentos. Rio de Janeiro: Manuais Técnicos de Geociências, 2012.
[158] ABADIA *et al.*, 2018.
[159] STRASSBURG *et al.*, 2017.
[160] CARNEVALI *et al.*, 2016.
[161] PEREIRA; VENTUROLI; CARVALHO, 2011.

Há espécies de rápido crescimento, com potencial para serem plantadas para produção de madeira ou carvão, que são o *Anadenanthera* spp., *Pterogyne nitens, Terminalia argentea* e *T. glabrescens*.

A maioria dessas espécies apresenta mais de uma utilidade ou potencialidade conforme apresentado na Tabela 4, possui usos aplicados na medicina e medicina popular, na indústria farmacêutica e de cosméticos. São fontes produtoras de fibras, resinas, óleos, tanino e material para confecção de artesanato; e como recurso para melhoramento de espécies cultivadas comercialmente, de gêneros como Annona, Dioscorea[162].

Nesse sentido, os fragmentos estudados no município de Três Lagoas são fonte de propágulos para recuperação de áreas em ambientes de Cerrado como na Floresta Estacional Semidecidual por apresentarem espécies produtoras de sementes com potencial de germinação e sobrevivência. Por isso, buscar a composição de espécies mais apropriada a cada ambiente que se pretenda restaurar é de grande importância[163].

7.2 Fragmentos de Cerrado na fazenda Curucaca: levantamento de área potencial para produção de sementes

Os fragmentos da fazenda Curucaca, sendo C1, C2, C3 e C4, foram visitados individualmente, e nestes foi realizado levantamento das espécies com potencial para produção de sementes e de produtos não madeireiros e madeireiros. As expedições ocorreram de junho a dezembro de 2013.

Por meio de amostragem sistemática (transectos) em um único estágio foi realizado o levantamento dos indivíduos arbóreos reprodutivos em 1% da área de cada fragmento. Os indivíduos arbóreos reprodutivos amostrados foram mensurados nos perímetros dos troncos à altura do peito (1,30 m) com fita métrica, medida denominada de PAP e depois transformada em diâmetro à altura do peito, ou seja, DAP. Suas localizações geográficas registradas por GPS (*Global Positioning System*) da marca Garmin, modelo GPSmap 62sc.

As espécies arbóreas dos fragmentos foram identificadas a partir de caminhamentos nos transectos, considerando indivíduos reprodutivos. Essas espécies foram identificadas conforme já descrito.

---

[162] *Ibidem*.

[163] ASSIS, G. B. de *et al*. Uso de espécies nativas e exóticas na restauração de matas ciliares no Estado de São Paulo (1957 – 2008). **Revista Árvore**, [*s. l.*], v. 37, n. 4, p. 599-609, 2013. Disponível em: https://doi.org/10.1590/S0100-67622013000400003. Acesso em: 12 jan. 2019.

Para determinar as espécies arbóreas que têm potencial para aumento ou diminuição do DAP médio dos fragmentos de Cerrado, utilizou-se o método de máxima verossimilhança restrita / melhor predição linear não viciada (REML/BLUP), utilizando o *Software* SELEGEN-REML/BLUP[164].

Para análise individual do DAP das espécies arbóreas nos fragmentos, foi utilizada a metodologia do modelo linear misto (aditivo univariado) – REML/BLUP do modelo 93. O delineamento utilizado foi blocos casualizados, considerando as espécies arbóreas os tratamentos, e os transectos as repetições, conforme a equação $y = Xr + Za + Wp + e$, em que y é o vetor de dados, r é o vetor dos efeitos de transectos ou repetições (assumidos como fixos) somados à média geral, a é o vetor dos efeitos genéticos aditivos individuais (assumidos como aleatórios), p é o vetor dos efeitos de parcelas (aleatórios), e é o vetor de erros (aleatórios). As letras maiúsculas representam as matrizes de incidência para os referidos efeitos[165].

7.3 Fragmentos de Cerrado na fazenda Curucaca: dentrometria

As oito espécies de maior ocorrência no fragmento da Curucaca 1 foram: *Copaifera langsdorffii*; *Pterodon* spp.; *Dipteryx alata*; *Terminalia glabrescens*; *Anadenanthera* spp.; *Platypodium elegans*; *Hymenaea stigonocarpa* e *Zanthoxylum rhoifolium*. Essas espécies estão contribuindo com 91,59% da representatividade de espécies registradas (Tabela 6).

Foram registradas 22 espécies arbóreas e 345 indivíduos com potencial para produção de produtos não madeireiros e madeireiros.

---

[164] RESENDE, M. D. V. de. Software Selegen-REML/BLUP: a useful tool for plant breeding. **Crop Breeding and Applied Biotechnology**, [s. l.], v. 16, n. 4, p. 330-339, 2016. Disponível em: https://doi.org/10.1590/1984-70332016v16n4a49. Acesso em: 19 jan. 2019.

[165] RESENDE, 2002; 2007.

Tabela 6 – Ocorrências das espécies arbóreas no fragmento Curucaca 1

Conta	Espécies	Frequência Absoluta	Frequência Relativa (%)	Frequência Acumulada (%)
1	Copaifera langsdorffii	94	27,25	27,25
2	Pterodon spp.	80	23,19	50,43
3	Dipteryx alata	58	16,81	67,25
4	Terminalia glabrescens	46	13,33	80,58
5	Anadenanthera spp.	12	3,48	84,06
6	Platypodium elegans	11	3,19	87,25
7	Hymenaea stigonocarpa	8	2,32	89,57
8	Zanthoxylum rhoifolium	7	2,03	91,59
9	Bowdichia virgilioides	5	1,45	93,04
10	Diptychandra aurantiaca	5	1,45	94,49
11	Caryocar brasiliense	4	1,16	95,65
12	Andira vermifuga	3	0,87	96,52
13	Aspidosperma parvifolium	3	0,87	97,39
14	Astronium fraxinifolium	1	0,29	97,68
15	Casearia gossypiosperma	1	0,29	97,97
16	Dimorphandra mollis	1	0,29	98,26
17	Diospyros hispida	1	0,29	98,55
18	Machaerium opacum	1	0,29	98,84
19	Qualea spp.	1	0,29	99,13
20	Roupala montana	1	0,29	99,42
21	Schefflera macrocarpa	1	0,29	99,71
22	Stryphnodendron adstringens	1	0,29	100,00
	Total	345	100	

Fonte: elaboração do próprio autor

São apresentados na Tabela 7 os diâmetros médios das espécies registradas no fragmento da Curucaca 1, que variam de 8,66 a 41,86 cm.

A maioria das espécies de maior ocorrência também apresentou os maiores diâmetros.

Tabela 7 – Diâmetro médio das espécies no fragmento Curucaca 1

Espécies	DAP (cm)
Pterodon spp.	41,86
Anadenanthera spp.	35,07
Machaerium opacum	32,79
Terminalia glabrescens	32,42
Copaifera langsdorffii	31,12
Hymenaea stigonocarpa	28,89
Dipteryx alata	27,87
Bowdichia virgilioides	27,44
Caryocar brasiliense	25,31
Astronium fraxinifolium	23,55
Qualea spp.	22,92
Platypodium elegans	22,74
Aspidosperma parvifolium	21,54
Zanthoxylum rhoifolium	20,14
Andira vermifuga	17,72
Diptychandra aurantiaca	17,62
Diospyros hispida	15,98
Casearia gossypiosperma	15,60
Stryphnodendron adstringens	15,28
Dimorphandra mollis	13,05
Schefflera macrocarpa	12,92
Roupala montana	8,66

Fonte: elaboração do próprio autor

Há existência de variações na composição e distribuição das espécies arbóreas em virtude das características do solo, em um fragmento de Cerradão distrófico[166]. A riqueza amostrada foi de 92 espécies, 36 famílias e 74 gêneros, destacando *Erythroxylum*, *Byrsonima*, *Myrcia* e *Qualea*. As espécies *Magonia pubescens*, *Terminalia argentea*, *Annona crassiflora*, *Eugenia dysenterica* e *Xylopia aromatica* apresentaram-se distribuídas sob gradiente em função de variáveis ambientais.

---

[166] OTONI *et al.*, 2013.

No fragmento Curucaca 2 foram registrados 30 espécies e 354 indivíduos, desses, 13 espécies representam 91,24% do total de espécies registradas nesse fragmento (Tabela 8). As espécies de maior ocorrrencia foram: *Pterodon* spp.; *Copaifera langsdorffii*; *Anadenanthera* spp.; *Terminalia glabrescens*; *Dipteryx alata*; *Diptychandra aurantiaca*; *Astronium fraxinifolium*; *Aspidosperma tomentosum*; *Handroanthus ochraceus*; *Psidium sartorianum*; *Aspidosperma parvifolium*; *Bowdichia virgilioides* e *Magonia pubescens*.

Tabela 8 – Ocorrências das espécies arbóreas no fragmento Curucaca 2

Conta	Espécies	Frequência Absoluta	Frequência Relativa (%)	Frequência Acumulada (%)
1	*Pterodon* spp.	93	26,27	26,27
2	*Copaifera langsdorffii*	47	13,28	39,55
3	*Anadenanthera* spp.	32	9,04	48,59
4	*Terminalia glabrescens*	30	8,47	57,06
5	*Dipteryx alata*	26	7,34	64,41
6	*Diptychandra aurantiaca*	22	6,21	70,62
7	*Astronium fraxinifolium*	15	4,24	74,86
8	*Aspidosperma tomentosum*	14	3,95	78,81
9	*Handroanthus ochraceus*	11	3,11	81,92
10	*Psidium sartorianum*	10	2,82	84,75
11	*Aspidosperma parvifolium*	9	2,54	87,29
12	*Bowdichia virgilioides*	8	2,26	89,55
13	*Magonia pubescens*	6	1,69	91,24
14	*Roupala montana*	5	1,41	92,66
15	*Machaerium acutifolium*	3	0,85	93,50
16	*Plathymenia reticulata*	3	0,85	94,35
17	*Caryocar brasiliense*	2	0,56	94,92
18	*Dimorphandra mollis*	2	0,56	95,48
19	*Jacaranda cuspidifolia*	2	0,56	96,05
20	*Tabebuia aurea*	2	0,56	96,61
21	*Terminalia argentea*	2	0,56	97,18
22	*Vatairea macrocarpa*	2	0,56	97,74
23	*Acosmium dasycarpum*	1	0,28	98,02
24	*Andira vermifuga*	1	0,28	98,31

Conta	Espécies	Frequência Absoluta	Frequência Relativa (%)	Frequência Acumulada (%)
25	*Annona crassiflora*	1	0,28	98,59
26	*Diospyros hispida*	1	0,28	98,87
27	*Eriotheca pubescens*	1	0,28	99,15
28	*Hymenaea courbaril*	1	0,28	99,44
29	*Hymenaea stigonocarpa*	1	0,28	99,72
30	*Salvertia convallariaeodora*	1	0,28	100,00
	TOTAL	**354**	**100**	

Fonte: elaboração do próprio autor

A variação média do diâmetro das espécies registradas na Curucaca 2 variou de 9,61 a 39,47 cm (Tabela 9). Tendo os maiores diâmetros para as espécies *Salvertia convallariaeodora; Eriotheca pubescens* e *Anadenanthera* spp. Para esse fragmento apenas *Anadenanthera* spp. tem o maior diâmetro entre as de espécies de maior ocorrência.

Tabela 9 – Diâmetro médio das espécies no fragmento Curucaca 2

Espécies	DAP (cm)
Salvertia convallariaeodora	39,47
Eriotheca pubescens	35,01
Anadenanthera spp.	30,72
Pterodon spp.	29,54
Bowdichia virgilioides	27,20
Terminalia glabrescens	24,26
Annona crassiflora	24,19
Hymenaea courbaril	24,06
Dipteryx alata	22,81
Machaerium acutifolium	22,49
Copaifera langsdorffii	22,37
Handroanthus ochraceus	22,03
Diptychandra aurantiaca	21,76
Magonia pubescens	21,65
Tabebuia aurea	21,17

Espécies	DAP (cm)
Aspidosperma parvifolium	20,99
Andira vermifuga	20,05
Jacaranda cuspidifolia	19,66
Aspidosperma tomentosum	18,30
Vatairea macrocarpa	17,98
Acosmium dasycarpum	17,83
Astronium fraxinifolium	16,86
Diospyros hispida	16,55
Caryocar brasiliense	15,92
Terminalia argentea	14,51
Plathymenia reticulata	14,38
Roupala montana	14,23
Dimorphandra mollis	13,40
Hymenaea stigonocarpa	11,46
Psidium sartorianum	9,61

Fonte: elaboração do próprio autor

Verificou-se que há apenas uma troca de posições de algumas espécies entre os fragmentos da Curucaca 1 e Curucaca 2, sendo que 15 espécies foram as comuns entre esses dois fragmentos, conforme diagrama de *Venn* (Figura 5) e as mais frequentes em ambos, sendo: *Anadenanthera* spp.; *Pterodon* spp.; *Terminalia glabrescens; Dipteryx alata; Copaifera langsdorffii; Diospyros hispida; Dimorphandra mollis* e *Hymenaea stigonocarpa*.

No fragmento Curucaca 3 as espécies *Caryocar brasiliense; Salvertia convallariaeodora; Tabebuia aurea; Roupala montana; Psidium sartorianum; Annona crassiflora; Astronium fraxinifolium; Styrax ferrugineus; Acrocomia aculeata; Bowdichia virgilioides* e *Terminalia argentea* são as de maior ocorrência no fragmento Curucaca 3 (Tabela 10).

Tabela 10 – Ocorrências das espécies arbóreas no fragmento Curucaca 3

Conta	Espécies	Frequência Absoluta	Frequência Relativa (%)	Frequência Acumulada (%)
1	*Caryocar brasiliense*	41	15,19	15,19
2	*Salvertia convallariaeodora*	36	13,33	28,52
3	*Tabebuia aurea*	33	12,22	40,74
4	*Roupala montana*	27	10,00	50,74
5	*Psidium sartorianum*	25	9,26	60,00
6	*Annona crassiflora*	19	7,04	67,04
7	*Astronium fraxinifolium*	18	6,67	73,70
8	*Styrax ferrugineus*	13	4,81	78,52
9	*Acrocomia aculeata*	10	3,70	82,22
10	*Bowdichia virgilioides*	9	3,33	85,56
11	*Terminalia argentea*	6	2,22	87,78
12	*Myracrodruon urundeuva*	5	1,85	89,63
13	*Aspidosperma parvifolium*	4	1,48	91,11
14	*Dalbergia miscolobium*	3	1,11	92,22
15	*Tabebuia roseoalba*	3	1,11	93,33
16	*Agonandra brasiliensis*	2	0,74	94,07
17	*Andira vermifuga*	2	0,74	94,81
18	*Handroanthus serratifolius*	2	0,74	95,56
19	*Plathymenia reticulata*	2	0,74	96,30
20	*Attalea apoda*	1	0,37	96,67
21	*Diptychandra aurantiaca*	1	0,37	97,04
22	*Eriotheca pubescens*	1	0,37	97,41
23	*Ficus guaranitica*	1	0,37	97,78
24	*Handroanthus heptaphyllus*	1	0,37	98,15
25	*Magonia pubescens*	1	0,37	98,52
26	*Miconia burchellii*	1	0,37	98,89
27	*Tachigali subvelutina*	1	0,37	99,26
28	*Tapirira guianensis*	1	0,37	99,63
29	*Zanthoxylum rhoifolium*	1	0,37	100,00
	TOTAL	270	100,00	

Fonte: elaboração do próprio autor

Do total de indivíduos amostrados (270), 11 espécies das 29 registradas representam 87,78% dos maiores DAP. O maior diâmetro médio obtido foi do espécime *Eriotheca pubescens* com 46,47 cm e o menor diâmetro médio de 8,68 cm do espécime *Psidium sartorianum* (Tabela 11).

Tabela 11 – Diâmetro médio das espécies no fragmento Curucaca 3

Espécies	DAP (cm)
Eriotheca pubescens	46,47
Bowdichia virgilioides	25,44
Terminalia argentea	25,01
Salvertia convallariaeodora	24,99
Ficus guaranitica	24,51
Miconia burchellii	22,60
Andira vermifuga	22,12
Acrocomia aculeata	19,96
Caryocar brasiliense	19,57
Magonia pubescens	17,70
Plathymenia reticulata	16,90
Tachigali subvelutina	16,65
Roupala montana	15,50
Myracrodruon urundeuva	14,82
Attalea apoda	14,80
Annona crassiflora	14,72
Styrax ferrugineus	14,57
Tabebuia roseoalba	14,27
Dalbergia miscolobium	13,91
Tapirira guianensis	13,69
Zanthoxylum rhoifolium	13,69
Tabebuia aurea	13,17
Astronium fraxinifolium	13,12
Diptychandra aurantiaca	12,10
Handroanthus heptaphyllus	11,62
Handroanthus serratifolius	11,46
Agonandra brasiliensis	11,30

Espécies	DAP (cm)
Aspidosperma parvifolium	9,99
Psidium sartorianum	8,68

Fonte: elaboração do próprio autor

Estudiosos[167] avaliaram florística e fitossociologicamente uma área de Cerrado *sensu stricto* e amostraram todos os indivíduos lenhosos vivos com circunferência do caule ao nível do solo igual ou maior que 10 cm. Foram amostrados 1.339 indivíduos, sendo a composição florística constituída por 85 espécies. As espécies que apresentaram o maior valor de importância foram *Xylopia aromatica, Myrcia língua, Caryocar brasiliense, Eugenia dysenterica, Byrsonima intermedia* e *Brosimum gaudichaudii*. Os autores acrescentam que a estrutura do Cerrado *sensu stricto* avaliado mostra um grau de heterogeneidade semelhante ao de outros Cerrados bem conservados e poderá servir de referência florístico-estrutural para execução de futuras ações de conservação na região.

No fragmento Curucaca 4 foram registradas 16 espécies e 68 indivíduos, sendo as espécies de maior ocorrência: *Caryocar brasiliense; Myracrodruon urundeuva; Salvertia convallariaeodora; Tabebuia aurea* e *Terminalia argentea*. Essas espécies contribuem com 66,18% das frequências das espécies registradas (Tabela 12).

Tabela 12 – Ocorrências das espécies arbóreas no fragmento Curucaca 4

Conta	Espécies	Frequência Absoluta	Frequência Relativa (%)	Frequência Acumulada (%)
1	Caryocar brasiliense	14	20,59	20,59
2	Myracrodruon urundeuva	10	14,71	35,29
3	Salvertia convallariaeodora	7	10,29	45,59
4	Tabebuia aurea	7	10,29	55,88
5	Terminalia argentea	7	10,29	66,18
6	Guapira noxia	4	5,88	72,06
7	Byrsonima spp.	3	4,41	76,47
8	Pouteria ramiflora	3	4,41	80,88
9	Roupala montana	3	4,41	85,29

---

[167] SAPORETTI JR.; MEIRA NETO; ALMADO, 2003.

Conta	Espécies	Frequência Absoluta	Frequência Relativa (%)	Frequência Acumulada (%)
10	*Astronium fraxinifolium*	2	2,94	88,24
11	*Handroanthus ochraceus*	2	2,94	91,18
12	*Pouteria torta*	2	2,94	94,12
13	*Gochnatia polymorpha*	1	1,47	95,59
14	*Magonia pubescens*	1	1,47	97,06
15	*Vatairea macrocarpa*	1	1,47	98,53
16	*Zanthoxylum rhoifolium*	1	1,47	100,00
	TOTAL	68	100,00	

Fonte: elaboração do próprio autor

Os maiores diâmetros médios foram para as espécies *Terminalia argentea* com 23,91 cm e *Salvertia convallariaeodora* com 22,91 cm, o menor diâmetro médio foi para o espécime *Tabebuia aurea* com 11,03 cm (Tabela 13).

Tabela 13 – Diâmetro médio das espécies no fragmento Curucaca 4

Espécies	DAP (cm)
Terminalia argentea	23,91
Salvertia convallariaeodora	22,26
Vatairea macrocarpa	19,42
Byrsonima spp.	17,40
Guapira noxia	17,31
Caryocar brasiliense	17,19
Astronium fraxinifolium	16,55
Gochnatia polymorpha	16,55
Pouteria torta	16,23
Handroanthus ochraceus	15,82
Zanthoxylum rhoifolium	15,60
Pouteria ramiflora	15,28
Myracrodruon urundeuva	14,73
Roupala montana	13,83
Magonia pubescens	13,24
Tabebuia aurea	11,03

Fonte: elaboração do próprio autor

As espécies registradas nos fragmentos da Curucaca são importantes no Cerrado e Cerradão e todas elas são comuns nos remanescentes de Cerrado[168].

O estabelecimento de prioridades na conservação dos ecossistemas terrestres remete à necessidade de conhecimento acerca da diversidade desses ambientes, especialmente no bioma Cerrado e suas zonas de transição florística, já que se encontram em elevado estágio de degradação[169]. Assim, os autores realizaram um inventário florístico de um fragmento florestal sobre área de tensão ecológica no Planalto da Bodoquena, MS, Brasil, e avaliaram suas relações fitogeográficas com outras florestas estacionais e Cerrados do Centro-Oeste e Sudeste do Brasil. Notaram que das 96 espécies ocorrentes 91 foram identificadas em nível específico, 54 ocorreram em Floresta Estacional Decidual, 47 em Floresta Estacional Semidecidual e 46 em cerradão (46). Os resultados mostraram agrupamento da área de estudo com as Floresta Estacional Semidecidual de Minas Gerais em nível de 30%, revelando baixa similaridade. Devido à baixa similaridade florística entre as áreas analisadas, estas são caracterizadas pela sua elevada diversidade. As 33 espécies que apresentaram ampla distribuição são indicadas para serem utilizadas em programas de restauração ecológica em áreas de florestas estacionais, Cerrado *sensu stricto* e Cerradão, além da transição Cerrado-floresta, pelo seu potencial de adaptação a condições físicas e ambientais diversas[170].

Um fragmento remanescente de floresta tropical sazonalmente seca em uma área ecotonal entre domínio do Cerrado e da Caatinga apresentou a ocorrência de um grande número de espécies arbóreas (79) e altos valores para os índices de diversidade e equabilidade (3,6 nats/indivíduos e 0,83, respectivamente), adaptações ecológicas ao *stress* hídrico adotadas em diferentes estratégias de crescimento e a não formação de grupos florísticos. A característica da área de estudo detectada por meio da estrutura, associada a dados edáficos, permitiu vislumbrar sua importância em termos de conservação.

---

[168] DURIGAN, Giselda; FRANCO, G. A. D. C.; SIQUEIRA, M. F. de. A vegetação dos remanescentes de Cerrado no estado de São Paulo. *In*: BITENCOURT, M. D.; MENDONÇA, R. R. (org.). **Viabilidade de conservação dos remanescentes de Cerrado no estado de São Paulo**. FAPESPed. São Paulo: Annablume, 2004. p. 29-56; PINHEIRO, E. da S.; DURIGAN, G. Diferenças florísticas e estruturais entre fitofisionomias do Cerrado em Assis, SP, Brasil. **Revista Árvore**, [S. l.], v. 36, n. 1, p. 181-193, 2012. Disponível em: https://doi.org/10.1590/S0100-67622012000100019. Acesso em: 20 fev. 2020.

[169] ZAVALA *et al.*, 2017.

[170] APGAUA *et al.*, 2014.

7.4 Fragmentos de Cerrado na fazenda Curucaca: área de coleta de sementes

Para a seleção dos genótipos (espécies) as espécies que apresentam Blup positivo estão contribuindo para o aumento do DAP e as espécies com valores negativos estão diminuindo o DAP do fragmento.

A média geral para o DAP das espécies foi de 26,03 cm, o coeficiente de variação experimental de 7,28% para o fragmento Curucaca 1 (Tabela 14). O Efeito Fixo (transectos) foi de 16,10 e o de genótipo (espécies) 64,23. Sendo significativo entre os transectos e não significativo entre as espécies para o DAP.

Das 22 espécies levantadas, oito apresentam valores positivos para o Blup e estão contribuindo com 89,6% para o aumento do DAP, em que *Pterodon* spp. contribui com 34,6% seguida por *Anadenanthera* spp.; *Terminalia glabrescens*; *Copaifera langsdorffii*; *Hymenaea stigonocarpa*; *Machaerium opacum*; *Dipteryx alata* e *Bowdichia virgilioides*.

E 14 espécies estão contribuindo de forma negativa para a diminuição do DAP, no entanto é onde há maior diversidade de espécies. No Blup positivo temos duas famílias, sendo Fabaceae e Combrataceae, e no Blup negativo 10 famílias.

Tabela 14 – Desempenho em DAP das espécies registradas no fragmento de Cerrado Curucaca 1 no Município de Três Lagoas, MS

Ordem	Nome vulgar	Nome científico	Família	Blup-dap	%
1	faveiro	Pterodon spp.	Fabaceae-Papilionaceae	30,97	34,6
2	angico	Anadenanthera spp.	Fabaceae-Mimosoideae	16,06	17,9
3	mirindiba	Terminalia glabrescens	Combretaceae	13,16	14,7
4	copaíba	Copaifera langsdorffii	Fabaceae-Caesalpinioideae	10,55	11,8
5	jatoba-do-cerrado	Hymenaea stigonocarpa	Fabaceae-Caesalpinioideae	5,99	6,7
6	jacaranda-do-cerrado	Machaerium opacum	Fabaceae-Papilionaceae	5,94	6,6
7	baru	Dipteryx alata	Fabaceae-Papilionaceae	4,21	4,7
8	sucupira-preta	Bowdichia virgilioides	Fabaceae-Papilionaceae	2,72	3,0
9	pequi	Caryocar brasiliense	Caryocaraceae	-0,26	0,3
10	pau-terra	Qualea spp.	Vochysiaceae	-1,06	1,2
11	gonçalo-alves	Astronium fraxinifolium	Anarcadiaceae	-3,21	3,6
12	guatambu-branco	Aspidosperma parvifolium	Apocynaceae	-3,94	4,4
13	caqui-do-cerrado	Diospyros hispida	Ebenaceae	-5,26	5,9
14	barbatimão	Stryphnodendron adstringens	Fabaceae-Mimosoideae	-5,96	6,6
15	jacaranda-miudo	Platypodium elegans	Fabaceae-Faboideae	-6,03	6,7
16	fava-de-anta	Dimorphandra mollis	Fabaceae-Mimosoideae	-7,36	8,2
17	angelim-do-cerrado	Andira vermifuga	Fabaceae-Papilionaceae	-7,51	8,4
18	espeteiro	Casearia gossypiosperma	Salicaceae	-8,02	8,9
19	mandiocão-do-cerrado	Schefflera macrocarpa	Araliaceae	-8,06	9,0
20	mamica-porca	Zanthoxylum rhoifolium	Rutaceae	-9,38	10,5
21	balsemim	Diptychandra aurantiaca	Fabaceae-Caesalpinioideae	-10,17	11,3
22	carne-de-vaca	Roupala montana	Proteaceae	-13,41	15,0

Fonte: elaboração do próprio autor

Das 30 espécies registradas, 15 pertencem a 7 famílias que estão contribuindo para o aumento do DAP e 15 espécies são de 9 famílias que estão contribuindo para diminuir o DAP no fragmento Curucaca 2 (Tabela 15). Nesse fragmento observa-se que as 15 espécies de Blup positivo e negativo estão contribuindo igual para o DAP.

Cinco espécies estão contribuindo em 74,15% para o aumento do DAP, sendo *Anadenanthera* spp.; *Salvertia convallariaeodora*; *Pterodon* spp.; *Eriotheca pubescens* e *Bowdichia virgilioides*.

A média geral para o DAP no fragmento Curucaca 2 foi de 21,24 cm, o coeficiente de variação experimental de 6,29%. O Efeito Fixo (transectos) foi de 30,16 e o de progênies (espécies) 84,37. Sendo significativo entre os transectos e não significativo entre as espécies para o DAP.

Tabela 15 – Desempenho em DAP das espécies registradas no fragmento de Cerrado Curucaca 2 no Município de Três Lagoas, MS

Ordem	Nome vulgar	Nome científico	Família	Blup-dap	%
1	angico	Anadenanthera spp.	Fabaceae-Mimosoideae	18,04	17,9
2	moliana	Salvertia convallariaeodora	Vochysiaceae	16,79	16,7
3	faveiro	Pterodon spp.	Fabaceae-Papilionaceae	16,53	16,4
4	paineira-do-cerrado	Eriotheca pubescens	Malvaceae	11,97	11,9
5	sucupira-preta	Bowdichia virgilioides	Fabaceae-Papilionaceae	11,24	11,2
6	mirindíba	Terminalia glabrescens	Combretaceae	5,64	5,6
7	araticum-vermelho	Annona crassiflora	Annonaceae	3,94	3,9
8	baru	Dipteryx alata	Fabaceae-Papilionaceae	3,30	3,3
9	ipe-amarelo-do-cerrado	Handroanthus ochraceus	Bignoniaceae	3,06	3,0
10	jatoba-da-mata	Hymenaea courbaril	Fabaceae-Caesalpinioideae	2,27	2,3
11	tingui	Magonia pubescens	Sapindaceae	2,19	2,2
12	jacaranda-paulista	Machaerium acutifolium	Fabaceae-Faboideae	1,92	1,9
13	balsemim	Diptychandra aurantiaca	Fabaceae-Caesalpinioideae	1,83	1,8
14	copaíba	Copaifera langsdorffii	Fabaceae-Caesalpinioideae	1,76	1,8
15	caraíba	Tabebuia aurea	Bignoniaceae	0,09	0,1
16	guatambu-branco	Aspidosperma parvifolium	Apocynaceae	-0,43	0,4
17	angelim-do-cerrado	Andira vermifuga (Mart.)	Fabaceae-Papilionaceae	-1,02	1,0
18	jacaranda-caroba	Jacaranda cuspidifolia	Bignoniaceae	-3,09	3,1
19	jacaranda-cascudo	Vatairea macrocarpa	Fabaceae-Papilionaceae	-3,24	3,2
20	caqui-do-cerrado	Diospyros hispida	Ebenaceae	-3,49	3,5
21	amargosinha	Acosmium dasycarpum	Fabaceae-Papilionaceae	-4,55	4,5
22	guatambu-do-cerrado	Aspidosperma tomentosum	Apocynaceae	-5,51	5,5
23	pequi	Caryocar brasiliense	Caryocaraceae	-6,07	6,0
24	capitão-do-campo	Terminalia argentea	Combretaceae	-6,66	6,6
25	jatoba-do-cerrado	Hymenaea stigonocarpa	Fabaceae-Caesalpinioideae	-7,77	7,7
26	fava-de-anta	Dimorphandra mollis	Fabaceae-Mimosoideae	-7,90	7,9
27	amarelinho	Plathymenia reticulata	Fabaceae-Mimosoideae	-8,76	8,7
28	gonçalo-alves	Astronium fraxinifolium	Anacardiaceae	-9,26	9,2
29	carne-de-vaca	Roupala montana	Proteaceae	-11,55	11,5
30	cambuí	Psidium sartorianum	Myrtaceae	-21,25	21,1

Fonte: elaboração do próprio autor

No fragmento Curucaca 3 a média geral para o DAP foi de 17,39 cm, o coeficiente de variação experimental de 12,25%, o Efeito Fixo (transectos) de 17,34 e o Efeito de genótipo (espécies) 40,32. Sendo significativo entre os transectos e não significativo entre as espécies para o DAP (Tabela 16).

Nesse fragmento Curucaca 3 foram registradas 29 espécies, sendo nove famílias com Blup positivo que contribuem em 102,9% e 11 famílias com Blup negativo. Quatro espécies estão contribuindo em 69,0% para o aumento do DAP, em que 29,5% é contribuição de *Eriotheca pubescens* seguida por *Salvertia convallariaeodora*; *Bowdichia virgilioides* e *Terminalia argentea*.

Tabela 16 – Desempenho em DAP das espécies registradas no fragmento de Cerrado Curucaca 3 no Município de Três Lagoas, MS

Ordem	Nome vulgar	Nome científico	Família	Blup-dap	%
1	paineira-do-cerrado	Eriotheca pubescens	Malvaceae	33,30	29,5
2	moliana	Salvertia convallariaeodora	Vochysiaceae	16,00	14,2
3	sucupira-preta	Bowdichia virgilioides	Fabaceae-Papilionaceae	15,17	13,4
4	capitão-do-campo	Terminalia argentea	Combretaceae	13,47	11,9
5	figueira-branca	Ficus guaranitica	Moraceae	9,25	8,2
6	angelim-do-cerrado	Andira vermifuga	Fabaceae-Papilionaceae	7,67	6,8
7	uva-do-brejo	Miconia burchellii	Melastomataceae	6,65	5,9
8	macaúba	Acrocomia aculeata	Arecaceae	4,96	4,4
9	pequi	Caryocar brasiliense	Caryocaraceae	4,51	4,0
10	tingui	Magonia pubescens	Sapindaceae	1,19	1,1
11	amarelinho	Plathymenia reticulata	Fabaceae-Mimosoideae	0,69	0,6
12	carvoeiro-branco	Tachigali subvelutina	Fabaceae-Caesalpinioideae	-0,35	0,3
13	palmeira-indaiá	Attalea apoda	Arecaceae	-2,36	2,1
14	peito-de-pombo	Tapirira guianensis	Anacardiaceae	-2,80	2,5
15	aroeira	Myracrodruon urundeuva	Anacardiaceae	-3,47	3,1
16	carne-de-vaca	Roupala montana	Proteaceae	-3,67	3,2
17	caviuna	Dalbergia miscolobium	Fabaceae-Faboideae	-4,14	3,7
18	araticum-vermelho	Annona crassiflora	Annonaceae	-4,70	4,2
19	balsemim	Diptychandra aurantiaca	Fabaceae-Caesalpinioideae	-5,05	4,5
20	ipê-branco	Tabebuia roseoalba	Bignoniaceae	-5,45	4,8
21	laranginha-do-cerrado	Styrax ferrugineus	Styracaceae	-5,70	5,1
22	ipe-roxo	Handroanthus heptaphyllus	Bignoniaceae	-5,94	5,3
23	caraíba	Tabebuia aurea	Bignoniaceae	-6,62	5,9
24	mamica-de-porca	Zanthoxylum rhoifolium	Rutaceae	-7,35	6,5
25	gonçalo-alves	Astronium fraxinifolium	Anacardiaceae	-7,36	6,5
26	ipe-amarelo	Handroanthus serratifolius	Bignoniaceae	-10,18	9,0
27	cerveja-de-pobre	Agonandra brasiliensis	Opiliaceae	-10,26	9,1
28	guatambu-branco	Aspidosperma parvifolium	Apocynaceae	-10,52	9,3
29	cambuí	Psidium sartorianum	Myrtaceae	-16,94	15,0

Fonte: elaboração do próprio autor

O coeficiente de variação experimental foi de 18,35% e a média geral para o DAP foi de 16,85 cm para o fragmento Curucaca 4 (Tabela 17). No fragmento Curucaca 4 foi realizada avaliação em um transecto, do qual não foi possível calcular o Efeito Fixo (transectos), mas obteve-se o Efeito de progênies (espécies) de 1,08, o que permitiu avaliar a contribuição de aumento de DAP nesse fragmento.

Nesse fragmento Curucaca 4 foram registradas 19 espécies, sendo seis famílias com Blup positivo e sete famílias com Blup negativo. Duas espécies estão contribuindo em 85,0% para o aumento do DAP, em que 48,1% é contribuição de *Terminalia argentea* e 37,0% de *Salvertia convallariaeodora*.

Tabela 17 – Desempenho em DAP das espécies registradas no fragmento de Cerrado Curucaca 4 no Município de Três Lagoas, MS

Ordem	Nome vulgar	Nome científico	Família	Blup-dap	%
1	capitão-do-campo	Terminalia argentea	Combretaceae	0,90	48,08
2	moliana	Salvertia convallariaeodora	Vochysiaceae	0,69	36,98
3	jacaranda-cascudo	Vatairea macrocarpa	Fabaceae-Papilionaceae	0,13	6,84
4	murici	Byrsonima spp.	Malpighiaceae	0,06	2,96
5	pequi	Caryocar brasiliense	Caryocaraceae	0,05	2,57
6	caparrosa	Guapira noxia	Nyctaginaceae	0,05	2,57
7	candeia	Gochnatia polymorpha	Asteraceae	-0,01	0,66
8	gonçalo-alves	Astronium fraxinifolium	Anacardiaceae	-0,02	1,04
9	guapeva	Pouteria torta	Sapotaceae	-0,05	2,49
10	mamica-de-porca	Zanthoxylum rhoifolium	Rutaceae	-0,06	3,35
11	ipe-amarelo-do-cerrado	Handroanthus ochraceus	Bignoniaceae	-0,08	4,15
12	curriola	Pouteria ramiflora	Sapotaceae	-0,15	7,87
13	tingui	Magonia pubescens	Sapindaceae	-0,18	9,78
14	carne-de-vaca	Roupala montana	Proteaceae	-0,29	15,31
15	aroeira	Myracrodruon urundeuva	Anacardiaceae	-0,30	15,74
16	caraíba	Tabebuia aurea	Bignoniaceae	-0,74	39,61

Fonte: elaboração do próprio autor

Os fragmentos de Cerrado em estudo apresentam condições favoráveis para a implantação de ACS (área de coleta de sementes) por apresentarem indivíduos adultos, com valores de DAP variando entre 17,39 e 26,03 cm. Os coeficientes de variação ambiental confirmam que a seleção das árvores matrizes foi bem realizada por apresentar valores entre 6,29 e 16,85%. Com essa avaliação de diâmetro das espécies registradas nos fragmentos de Cerrado, têm-se alta qualidade de produção e conservação dos recursos naturais.

Os fragmentos de Cerrado apresentam características produtivas, com diversidade de espécies de importância econômica e ecológica. Essas áreas contribuiriam para a proteção do Cerrado, conservando a biodiversidade, produzindo sementes. Além de fornecerem subsídios para que os coletores de sementes e produtores de mudas obtenham renda, o que diminui a pressão dos efeitos antrópicos sobre esses fragmentos.

Foram registradas 22 espécies e 11 famílias no fragmento Curucaca 1; 30 espécies e 13 famílias no Curucaca 2 e 29 espécies e 18 famílias no Curucaca 3. No fragmento Curucaca 4 que foi realizado o levantamento em um transcecto obteve 16 espécies e 13 famílias. Com esse inventário da vegetação dessas áreas de interesse, confirmam a diversidade de espécies arbóreas com DAP em produção de sementes garantindo áreas em condições de implantação de ACS.

As avaliações realizadas pelo desempenho Blup de DAP demostram ser eficientes como procedimento básico para a avaliação e implantação das ACS, sendo possível a identificação de áreas de qualidade e com potencial para a coleta de sementes de espécies arbóreas de interesse. Para predição dos valores genéticos a metodologia dos Melhores Preditores Lineares Imparciais (Blup) é a mais difundida e a que apresenta resultados mais satisfatórios[171].

A predição do Blup presume o conhecimento dos verdadeiros valores dos componentes de variância, entretanto, como isso não é possível, na solução via Equações de Modelos Mistos, têm sido utilizadas as estimativas desses componentes[172]. Sendo assim, a seleção das espécies que possuem DAP com Blup positivos, ou seja, estrato arbóreo superior, contribui para a fixação de maiores DAP. No entanto, os valores positivos demonstram um número menor de espécies em relação aos valores negativos. A maior diversidade de espécies de Cerrado é representada por Blup negativo. O Blup positivo traz espécies com características de Cerrado e Cerradão, espécies essas de áreas de transição entre o Cerrado e a floresta estacional semidecidual.

Além de indicar o desempenho em DAP nos fragmentos, a análise Blup, que é uma das metodologias mais utilizadas para resolução de modelos lineares mistos um estimador que minimiza a variância do erro de predição[173], também indica a estratégia de coleta de sementes, ou seja, qual fragmento deve ser visitado. Os fragmentos Curucaca 1 e Curucaca 3 são recomendados para coletas de espécies do estrato arbóreo superiores, caracterizado por espécies com os maiores DAP, utilizado para a recuperação de áreas de transição e para finalidades produtivas de madeira, e seriam os indicados. Para diversidade de espécies de recomposição de áreas de preservação permanente as coletas podem ser programadas nas áreas com Blup negativo devido à diversidade de espécies que estão representados nesses locais.

No levantamento florístico do Parque Natural Municipal do Pombo, município de Três Lagoas, registrou-se os gêneros mais representativos, sendo Byrsonima, Eugenia e Miconia com 7 espécies cada, e Annona, Mimosa e Solanum com 5 espécies cada. Os resultados obtidos acentuam a importância do estudo e conservação de remanescentes de Cerrado da região[174].

---

[171] RESENDE, 2002.

[172] GARCIA, C. H.; NOGUEIRA, M. C. S. Utilização da metodologia REML/BLUP na seleção de clones de eucalipto. **Scientia Forestalis**, [S. l.], v. 68, p. 107-112, 2005.

[173] JIANG, J. **Linear and generalized linear mixed models and their applications.** New York: Springer, 2007.

[174] NETO, M. J. LEVANTAMENTO FLORÍSTICO DO PARQUE NATURAL MUNICIPAL DO POMBO, MUNICÍPIO DE TRÊS LAGOAS-MS. **Revista Saúde e Meio Ambiente**, [s. l.], v. 7, n. 2, p. 41-58, 2018. Disponível em: http://seer.ufms.br/index.php/sameamb/article/view/5894. Acesso em: 25 abr. 2019.

Os resultados apresentados dos fragmentos de Cerrado apoiam a implantação dessas como áreas de coleta de sementes, com potencial de produção de germoplasma de qualidade genética, aliado a coletas de sementes com técnicas adequadas que garantem a variabilidade. Esses fragmentos podem ser considerados como áreas naturais de coleta de sementes com matrizes marcadas (ACS-NM).

8

CONCLUSÕES

A presença de espécies arbóreas exclusivas nos fragmentos é função do alto índice de dissimilaridade, o que permite identificar e selecionar os fragmentos de maior interesse para a exploração de produtos não madeireiros. Assim, quatro fragmentos podem ser utilizados em relação a esse objetivo: R; C3; SM e SL2.

A diversidade de espécies permite a utilização de 89 espécies, como fornecedoras de produtos não madeireiros, em que se destacam: *Copaifera langsdorffii; Qualea* spp.*; Roupala montana; Andira vermífuga; Astronium fraxinifolium; Diptychandra aurantiaca; Eriotheca pubescens; Magonia pubescens; Terminalia argentea* e *Anadenanthera* spp.

A seleção das árvores matrizes, nesses fragmentos e nessas espécies, permite que os fragmentos selecionados passem a ser denominados de "áreas alteradas de coleta de sementes – ACS-AS", o que passa a ser uma valorização da propriedade rural para o produtor rural em termos econômicos, sociais, ecológicos e genéticos.

O conhecimento da ecologia desses fragmentos do Bioma Cerrado é uma etapa importante para a criação de programas conservacionistas. Os dados gerados permitem conhecer as funcionalidades de polinização, dispersores, diversidade de espécies e suas potencialidades para usos que podem ser aplicados para definir o manejo desses fragmentos, indicando áreas e populações de maior ou menor importância para a preservação, permitindo o desenvolvimento de estratégias efetivas de conservação.

REFERÊNCIAS

AB'SABER, A. N. **Os Domínios de Natureza no Brasil:** potencialidades paisagísticas. São Paulo: Ateliê Editorial, 2003.

ABADIA, A. C. *et al.* Savannas on two different substrates in Brazil have a similar species diversity, but distinct edaphic conditions and species composition. **Brazilian Journal of Botany**, [s. l.], v. 41, n. 1, p. 57-64, 2018. Disponível em: https://doi.org/10.1007/s40415-017-0424-x. Acesso em: 13 jan. 2019.

AFONSO, S. R. *et al.* Mercado dos produtos florestais não-madeireiros do Cerrado brasileiro. **Ciência Florestal**, [s. l.], v. 19, n. 3, p. 315-326, 2009. Disponível em: https://doi.org/10.5902/19805098887. Acesso em: 19 jan. 2019.

ALLENSPACH, N.; DIAS, M. Frugivory by birds on Miconia albicans (MELASTOMATACEAE), in a fragment of Cerrado in São Carlos, southeastern Brazil. **Brazilian Journal of Biology**, [s. l.], v. 72, n. 2, p. 407-413, 2012. Disponível em: https://doi.org/10.1590/S1519-69842012000200024. Acesso em: 20 jan. 2019.

ALMEIDA, S. P. *et al.* **Cerrado:** espécies vegetais úteis. Planaltina: Embrapa-CPAC, 1998.

ALVARES, C. A. *et al.* Köppen's climate classification map for Brazil. **Meteorologische Zeitschrift**, [s. l.], v. 22, n. 6, p. 711-728, 2013. Disponível em: https://doi.org/10.1127/0941-2948/2013/0507. Acesso em: 20 jan. 2019.

ANDRELLA, G. C.; NETO, M. J. LEVANTAMENTO FLORÍSTICO DOS ARREDORES DO PARQUE DAS CAPIVARAS, TRÊS LAGOAS-MS. **Revista Saúde e Meio Ambiente**, [s. l.], v. 5, n. 2, p. 70-77, 2017. Disponível em: http://seer.ufms.br/index.php/sameamb/article/view/4603. Acesso em: 25 abr. 2019.

ANGIOSPERM PHYLOGENY GROUP [= A.P.G.] IV. An update of the Angiosperm Phylogeny Group classification for the orders and families of flowering plants: APG IV. **Botanical Journal of the Linnean Society**, [s. l.], v. 181, n. 1, p. 1-20, 2016. Disponível em: https://doi.org/10.1111/boj.12385. Acesso em: 20 jan. 2019.

APGAUA, D. M. G. *et al.* Tree community structure in a seasonally dry tropical forest remnant, Brazil. **CERNE**, [s. l.], v. 20, n. 2, p. 173-182, 2014. Disponível em: https://doi.org/10.1590/01047760.201420021540. Acesso em: 19 jan. 2019.

ARAKAKI, A. H. *et al.* O baru (Dipteryx alata Vog.) como alternativa de sustentabilidade em área de fragmento florestal do Cerrado, no Mato Grosso do Sul. **Interações (Campo Grande)**, [s. l.], v. 10, n. 1, p. 31-39, 2009. Disponível em: https://doi.org/10.1590/S1518-70122009000100004. Acesso em: 19 jan. 2019.

ARAUJO, R. de A. *et al.* Florística e estrutura de fragmento florestal em área de transição na Amazônia Matogrossense no município de Sinop. **Acta Amazonica**, [s. l.], v. 39, n. 4, p. 865-877, 2009. Disponível em: https://doi.org/10.1590/S0044-59672009000400015. Acesso em: 20 jan. 2019.

ARONSON, J. *et al.* What Role Should Government Regulation Play in Ecological Restoration? Ongoing Debate in São Paulo State, Brazil. **Restoration Ecology**, [s. l.], v. 19, n. 6, p. 690-695, 2011. Disponível em: https://doi.org/10.1111/j.1526-100X.2011.00815.x. Acesso em: 20 jan. 2019.

ASSIS, G. B. de *et al.* Uso de espécies nativas e exóticas na restauração de matas ciliares no Estado de São Paulo (1957 – 2008). **Revista Árvore**, [s. l.], v. 37, n. 4, p. 599-609, 2013. Disponível em: https://doi.org/10.1590/S0100-67622013000400003. Acesso em: 12 jan. 2019.

ASSIS, M. de. **Primas de Sapucaia!** VOLUME DE CONTOS. Rio de Janeiro: Garnier, 1884.

BATISTA, A. P. B. *et al.* Species richness and diversity in shrub savanna using ordinary kriging. **Pesquisa Agropecuária Brasileira**, [s. l.], v. 51, n. 8, p. 958-966, 2016. Disponível em: https://doi.org/10.1590/S0100-204X2016000800008. Acesso em: 23 jan. 2019.

BECKER, B. K. Ciência, tecnologia e inovação – condição do desenvolvimento sustentável da Amazônia. **Parcerias Estratégicas**, Brasília, DF, v. 15, n. 31, p. 15-34, 2010.

BERNASOL, W. P.; LIMA-RIBEIRO, M. de S. Estrutura espacial e diamétrica de espécies arbóreas e seus condicionantes em um fragmento de Cerrado sentido restrito no sudoeste goiano. **Hoehnea**, [s. l.], v. 37, n. 2, p. 181-198, 2010. Disponível em: https://doi.org/10.1590/S2236-89062010000200001. Acesso em: 8 jan. 2019.

BEUCHLE, R. *et al.* Land cover changes in the Brazilian Cerrado and Caatinga biomes from 1990 to 2010 based on a systematic remote sensing sampling approach. **Applied Geography**, [s. l.], v. 58, p. 116-127, 2015. Disponível em: https://doi.org/10.1016/J.APGEOG.2015.01.017. Acesso em: 12 jan. 2019.

BRANCALION, P. H. S. *et al.* Instrumentos legais podem contribuir para a restauração de florestas tropicais biodiversas. **Revista Árvore**, [*s. l.*], v. 34, n. 3, p. 455-470, 2010. Disponível em: https://doi.org/10.1590/S0100-67622010000300010. Acesso em: 20 jan. 2019.

BRASIL. **Biodiversidade do Cerrado e Pantanal**: áreas e ações prioritárias para conservação. Brasília: Ministério do Meio Ambiente, 2007.

BRASIL. **Lei Federal n° 10.711, 5 de agosto de 2003**. [*S. l.*], 2003. Disponível em: http://www.planalto.gov.br/ccivil_03/leis/2003/L10.711.htm. Acesso em: 20 dez. 2018.

CARDOSO, G. L.; LOMÔNACO, C. Variações fenotípicas e potencial plástico de Eugenia calycina Cambess. (Myrtaceae) em uma área de transição Cerradovereda. **Revista Brasileira de Botânica**, [*s. l.*], v. 26, n. 1, p. 131-140, 2003. Disponível em: https://doi.org/10.1590/S0100-84042003000100014. Acesso em: 4 jan. 2019.

CARMO, A. B.; VASCONCELOS, H. L.; ARAÚJO, G. M. Estrutura da comunidade de plantas lenhosas em fragmentos de Cerrado: relação com o tamanho do fragmento e seu nível de perturbação. **Revista Brasileira de Botânica**, [*s. l.*], v. 34, n. 1, p. 31-38, 2011. Disponível em: https://doi.org/10.1590/S0100-84042011000100004. Acesso em: 8 jan. 2019.

CARNEVALI, N. H. de S. *et al.* Sobrevivência e crescimento inicial de espécies arbóreas nativas implantadas em pastagem degradada. **FLORESTA**, [*s. l.*], v. 46, n. 2, p. 277, 2016. Disponível em: https://doi.org/10.5380/rf.v46i2.42881. Acesso em: 7 jan. 2019.

CARVALHO, A. An ecological economics approach to estimate the value of a fragmented wetland in Brazil (Mato Grosso do Sul state). **Brazilian Journal of Biology**, [*s. l.*], v. 67, n. 4, p. 663-671, 2007. Disponível em: https://doi.org/10.1590/S1519-69842007000400011. Acesso em: 8 jan. 2019.

CARVALHO, A. R.; MARQUES-ALVES, S. Diversidade e índice sucessional de uma vegetação de Cerrado sensu stricto na Universidade Estadual de Goiás-UEG, campus de Anápolis. **Revista Árvore**, [*s. l.*], v. 32, n. 1, p. 81-90, 2008. Disponível em: https://doi.org/10.1590/S0100-67622008000100010. Acesso em: 12 jan. 2019.

CARVALHO, A. C. M. de *et al.* Diversidade genética, endogamia e fluxo gênico em pequena população fragmentada de Copaifera langsdorffii. **Brazilian Journal of Botany**, [*s. l.*], v. 33, n. 4, p. 599-606, 2010. Disponível em: https://doi.org/10.1590/s0100-84042010000400008. Acesso em: 10 jan. 2019.

CARVALHO, M. B.; BERNACCI, L. C.; COELHO, R. M. Floristic and phytosociology in a physiognomic gradient of riverine forest in Cerrado, Campinas, SP. **Biota Neotropica**, [s. l.], v. 13, n. 3, p. 110-120, 2013. Disponível em: https://doi.org/10.1590/S1676-06032013000300014. Acesso em: 23 jan. 2019.

CARVALHO, P. E. R. **Espécies arbóreas brasileiras**. Brasília: Embrapa Informação Tecnológica, 2003.

CARVALHO, P. E. R. **Espécies arbóreas brasileiras**. 2. ed. Brasília: Embrapa Informação Tecnológica, 2006.

CARVALHO, P. E. R. **Espécies arbóreas brasileiras**. Brasília: Embrapa Informação Tecnológica, 2008.

CARVALHO, P. E. R. **Espécies arbóreas brasileiras**. Brasília: Embrapa Informação Tecnológica, 2010.

CARVALHO, P. E. R. **Espécies arbóreas brasileiras**. Brasília: Embrapa Informação Tecnológica, 2014.

CARVALHO, P. E. R. **Espécies florestais brasileiras:** recomendações silviculturais, potencialidades e uso da madeira. Colombo: EMBRAPA-CNPF, 1994.

CAVALCANTI, M. J. ECOLOG: um sistema gerenciador de bancos de dados para levantamentos ecológicos de campo e inventários de biodiversidade. *In*: SANTOS-SILVA, E. N.; CAVALCANTI, M. J.; SCUDELLER, V. V. (org.). **BioTupé:** Meio Físico, Diversidade Biológica e Sociocultural do Baixo Rio Negro, Amazônia Central. 3. ed. Manaus: Rizoma Editorial, 2011. p. 291-302.

CERRI, C. E. P. *et al*. Reducing Amazon Deforestation through Agricultural Intensification in the Cerrado for Advancing Food Security and Mitigating Climate Change. **Sustainability**, [s. l.], v. 10, n. 4, p. 989, 2018. Disponível em: https://doi.org/10.3390/su10040989. Acesso em: 11 jan. 2019.

CHEN, H. VennDiagram: Generate High-Resolution Venn and Euler Plots. **R package version 1.6.20**, [s. l.], 2018. Disponível em: https://cran.r-project.org/package=VennDiagram. Acesso em: 11 jan. 2019.

COUTINHO, Leopoldo Magno. O conceito de bioma. **Acta Botanica Brasilica**, [s. l.], v. 20, n. 1, p. 13-23, 2006. Disponível em: https://doi.org/10.1590/S0102-33062006000100002. Acesso em: 8 jan. 2019.

COUTINHO, Leoppoldo Magno. **Biomas brasileiros**. São Paulo: Oficina de Textos, 2016.

DAMASCO, G. et al. The Cerrado Biome: A Forgotten Biodiversity Hotspot. **Frontiers for Young Minds**, [s. l.], v. 6, p. 1-9, 2018. Disponível em: https://doi.org/10.3389/frym.2018.00022. Acesso em: 10 jan. 2019.

DEGEN, B.; SEBBENN, A. M. Genetics and Tropical Forests. In: TROPICAL FORESTRY HANDBOOK. Berlin, Heidelberg: Springer Berlin Heidelberg, 2014. p. 1-30. Disponível em: https://doi.org/10.1007/978-3-642-41554-8_75-1. Acesso em: 10 jan. 2019.

DREZNER, T. D.; FALL, P. L.; STROMBERG, J. C. Plant distribution and dispersal mechanisms at the Hassayampa River Preserve, Arizona, USA. **Global Ecology and Biogeography**, [s. l.], v. 10, n. 2, p. 205-217, 2001. Disponível em: https://doi.org/10.1046/j.1466-822x.2001.00216.x. Acesso em: 6 jan. 2019.

DURIGAN, G. et al. **Plantas do Cerrado Paulista:** imagens de uma paisagem ameaçada. São Paulo: Páginas & Letras, 2004.

DURIGAN, G. Cerrado: técnicas e normas podem reduzir desmatamento. **Visão Agrícola**, Piracicaba, São Paulo, n. 4, p. 20-23, 2005. Disponível em: http://www.esalq.usp.br/visaoagricola/sites/default/files/va04-conservacao05.pdf. Acesso em: 11 jan. 2019.

DURIGAN, G. et al. **Plantas pequenas do Cerrado:** biodiversidade negligenciada. São Paulo: Secretaria do Meio Ambiente, 2018.

DURIGAN, G.; FRANCO, G. A. D. C.; SIQUEIRA, M. F. de. A vegetação dos remanescentes de Cerrado no estado de São Paulo. In: BITENCOURT, M. D.; MENDONÇA, R. R. (org.). **Viabilidade de conservação dos remanescentes de Cerrado no estado de São Paulo**. FAPESPed. São Paulo: Annablume, 2004. p. 29-56.

DURIGAN, G.; RATTER, J. A. The need for a consistent fire policy for Cerrado conservation. **Journal of Applied Ecology**, [s. l.], v. 53, n. 1, p. 11-15, 2016. Disponível em: https://doi.org/10.1111/1365-2664.12559. Acesso em: 12 jan. 2019.

FAHRIG, L.; MERRIAM, G. Habitat Patch Connectivity and Population Survival. **Ecology**, [s. l.], v. 66, n. 6, p. 1762-1768, 1985. Disponível em: https://doi.org/10.2307/2937372. Acesso em: 10 jan. 2019.

FERNANDES, G. W. et al. Cerrado to Rupestrian Grasslands: Patterns of Species Distribution and the Forces Shaping Them Along an Altitudinal Gradient. In: **ECOLOGY AND CONSERVATION OF MOUNTAINTOP GRASSLANDS IN BRAZIL**. Cham: Springer International Publishing, 2016. p. 345-377. Disponível em: https://doi.org/10.1007/978-3-319-29808-5_15. Acesso em: 11 jan. 2019.

FERREIRA, J. N.; BUSTAMANTE, M. M. da C.; DAVIDSON, E. A. Linking woody species diversity with plant available water at a landscape scale in a Brazilian savanna. **Journal of Vegetation Science**, [s. l.], v. 20, n. 5, p. 826-835, 2009. Disponível em: https://doi.org/10.1111/j.1654-1103.2009.01076.x. Acesso em: 13 jan. 2019.

FERREIRA, R. Q. de S. *et al.* Grupos ecológicos e distribuição das espécies em peculiares e acessórias de três áreas de Cerrado sensu stricto, Tocantins. **GLOBAL SCIENCE AND TECHNOLOGY**, [s. l.], v. 9, n. 3, 2017. Disponível em: https://rv.if-goiano.edu.br/periodicos/index.php/gst/article/view/833. Acesso em: 22 jan. 2019.

FILGUEIRAS, T. S. *et al.* **Caminhamento:** um método expedito para levantamentos florísticos qualitativos. São Paulo: [s. n.], 1994.

FINEGAN, B. The management potential of neotropical secondary lowland rain forest. **Forest Ecology and Management**, [s. l.], v. 47, n. 1-4, p. 295-321, 1992. Disponível em: https://doi.org/10.1016/0378-1127(92)90281-D. Acesso em: 13 jan. 2019.

FLORES, T. *et al.* **Eucalyptus no Brasil:** zoneamento climático e guia para identificação. Piracicaba: IPEF, 2016.

FORMAN, R. T. T.; GODRON, M. **Landscape ecology**. New York: Wiley, 1986.

GANDARA, F. B.; KAGEYAMA, P. Y. Biodiversidade e dinâmica em sistemas agroflorestais. *In*: MACÊDO, J. L. V. de; WANDELLI, E. V.; JÚNIOR, J. P. da S. (org.). **3 Congresso Brasileiro de Sistemas Agroflorestais**. Manaus: Embrapa Amazônia Ocidental; Documentos 17, 2001. p. 25-32.

GARCIA, C. H.; NOGUEIRA, M. C. S. Utilização da metodologia REML/BLUP na seleção de clones de eucalipto. **Scientia Forestalis**, [s. l.], v. 68, p. 107-112, 2005.

GHALAMBOR, C. K. *et al.* Adaptive versus non-adaptive phenotypic plasticity and the potential for contemporary adaptation in new environments. **Functional Ecology**, [s. l.], v. 21, n. 3, p. 394-407, 2007. Disponível em: https://doi.org/10.1111/j.1365-2435.2007.01283.x. Acesso em: 4 jan. 2019.

GIÁCOMO, R. G. *et al.* Florística e Fitossociologia em Áreas de Cerradão e Mata Mesofítica na Estação Ecológica de Pirapitinga, MG. **Floresta e Ambiente**, [s. l.], v. 22, n. 3, p. 287-298, 2015. Disponível em: https://doi.org/10.1590/2179-8087.067913. Acesso em: 12 jan. 2019.

HANSKI, I.; SIMBERLOFF, D. The Metapopulation Approach, Its History, Conceptual Domain, and Application to Conservation. *In*: METAPOPULATION

BIOLOGY. [S. l.]: Academic Press, 1997. p. 5-26. Disponível em: https://doi.org/10.1016/B978-012323445-2/50003-1. Acesso em: 10 jan. 2019.

HERRERA, A. H. et al. Changes in Vegetation of Flooded Savannas Subject to Cattle Grazing and Fire in Plains of Colombia. **Land**, [s. l.], v. 10, n. 2, p. 108, 2021. Disponível em: https://doi.org/10.3390/land10020108. Acesso em: 28 jan. 2021.

HOWE, H. F.; SMALLWOOD, J. Ecology of Seed Dispersal. **Annual Review of Ecology and Systematics**, [s. l.], v. 13, n. 1, p. 201-228, 1982. Disponível em: https://doi.org/10.1146/annurev.es.13.110182.001221. Acesso em: 6 jan. 2019.

IBGE. **Manual técnico da vegetação brasileira:** sistema fitogeográfico, inventário das formações florestais e campestres, técnicas e manejo de coleções botânicas, procedimentos para mapeamentos. Rio de Janeiro: Manuais Técnicos de Geociências, 2012.

INSTITUTO NACIONAL DE PESQUISAS ESPACIAIS. COORDENAÇÃO GERAL DE OBSERVAÇÃO DA TERRA. **PRODES – Incremento anual de área desmatada no Cerrado Brasileiro.** [S. l.], 2020. Disponível em: http://Cerrado.obt.inpe.br/. Acesso em: 4 ago. 2021.

JIANG, J. **Linear and generalized linear mixed models and their applications.** New York: Springer, 2007.

KAGEYAMA, P. Y. Consevação in situ de recursos genéticos de plantas. **Ipef**, [s. l.], n. 35, p. 7-37, 1987.

KAGEYAMA, P. Y. Diversidade das florestas tropicais deve ser preservada. **Visão Agrícola**, Piracicaba, São Paulo, n. 4, p. 10-11, 2005.

KAGEYAMA, P. Y.; GANDARA, F. B.; VENCOVSKY, R. Conservação in situ de espécies arbóreas tropicais. **Recursos genéticos e melhoramento - plantas**. Rondonópolis: [s. n.], 2001. p. 149-158. Disponível em: http://bdpi.usp.br/single.php?_id=001188733. Acesso em: 8 jan. 2019.

KARUBIAN, J.; DURÃES, R. Effects of seed disperser social brhavior on patterns of seed movement and deposition. **Oecologia Australis**, [s. l.], v. 13, n. 1, p. 45-57, 2009. Disponível em: https://doi.org/10.4257/oeco.2009.1301.04. Acesso em: 5 ago. 2020.

KINOSHITA, L. S. et al. Composição florística e síndromes de polinização e de dispersão da mata do Sítio São Francisco, Campinas, SP, Brasil. **Acta Botanica Brasilica**, [S. l.], v. 20, n. 2, p. 313-327, 2006. Disponível em: https://doi.org/10.1590/S0102-33062006000200007. Acesso em: 6 jan. 2019.

KLINK, C. A.; MACHADO, R. B. Conservation of the Brazilian Cerrado. **Conservation Biology**, [s. l.], v. 19, n. 3, p. 707-713, 2005. Disponível em: https://doi.org/10.1111/j.1523-1739.2005.00702.x. Acesso em: 10 jan. 2019.

LANDER, T. A.; BOSHIER, D. H.; HARRIS, S. A. Fragmented but not isolated: Contribution of single trees, small patches and long-distance pollen flow to genetic connectivity for Gomortega keule, an endangered Chilean tree. **Biological Conservation**, [s. l.], v. 143, n. 11, p. 2583-2590, 2010. Disponível em: https://doi.org/10.1016/j.biocon.2010.06.028. Acesso em: 10 jan. 2019.

LORENZI, H. **Árvores brasileiras:** manual de identificação e cultivo de plantas arbóreas nativas do Brasil. Nova Odessa: Instituto Plantarum, 2002.

LORENZI, H. **Árvores brasileiras:** manual de identificação e cultivo de plantas arbóreas nativas do Brasil. Nova Odessa: Instituto Plantarum, 2008.

LORENZI, H. **Árvores Brasileiras Vol. 1**: manual de identificação e cultivo de plantas arbóreas nativas do Brasil. Nova Odessa: Instituto Plantarum, 2009.

MANLY, B. F. G. **A Primer of Multivariate Statistics**. London: Chapman & Hall, 1994.

MANOEL, R. O. *et al.* Contemporary pollen flow, mating patterns and effective population size inferred from paternity analysis in a small fragmented population of the Neotropical tree Copaifera langsdorffii Desf. (Leguminosae-Caesalpinioideae). **Conservation Genetics**, [s. l.], v. 13, n. 3, p. 613-623, 2012. Disponível em: https://doi.org/10.1007/s10592-011-0311-0. Acesso em: 10 jan. 2019.

MARACAHIPES SANTOS, L. *et al.* Diversity, floristic composition, and structure of the woody vegetation of the Cerrado in the Cerrado–Amazon transition zone in Mato Grosso, Brazil. **Brazilian Journal of Botany**, [s. l.], v. 38, n. 4, p. 877-887, 2015. Disponível em: https://doi.org/10.1007/s40415-015-0186-2. Acesso em: 7 jan. 2019.

MARTINS, F. Q.; BATALHA, M. A. Vertical and horizontal distribution of pollination systems in Cerrado fragments of central Brazil. **Brazilian Archives of Biology and Technology**, [s. l.], v. 50, n. 3, p. 503-514, 2007. Disponível em: https://doi.org/10.1590/S1516-89132007000300016. Acesso em: 5 ago. 2020.

MARTINS, K. *et al.* Estrutura genética populacional de Copaifera langsdorffii Desf. (Leguminosae – Caesalpinioideae) em fragmentos florestais no Pontal do Paranapanema, SP, Brasil. **Revista Brasileira de Botânica**, [s. l.], v. 31, n. 1, p. 61-69, 2008. Disponível em: https://doi.org/10.1590/S0100-84042008000100007. Acesso em: 8 jan. 2019.

MARTINS, S. S. *et al.* **Produção de mudas de espécies florestais nos viveiros do Instituto Ambiental do Paraná.** Maringá: Clichetec, 2004.

MATAVELI, G. A. V. *et al.* Boletim paulista de geografia. **Boletim Paulista de Geografia**, São Paulo, v. 96, p. 11-30, 2017.

MATO GROSSO DO SUL. **Atlas Multireferrencial do Estado de Mato Grosso do Sul.** Campo Grande: Secretaria de Planejamento e Coordenação Geral, 1990.

MATO GROSSO DO SUL. **Caderno Geoambiental das regiões de Planejamento do MS**. Campo Grande: Secretaria de Estado de Meio Ambiente, do Planejamento e da Ciência & Tecnologia, 2011.

MEDEIROS, A. C. S.; NOGUEIRA, A. C. Planejamento da coleta de sementes florestais nativas. **Circular Técnica EMBRAPA Florestas**, Colombro, n. 126, p. 1-9, 2006. Disponível em: https://www.infoteca.cnptia.embrapa.br/infoteca/bitstream/doc/293956/1/circtec126.pdf. Acesso em: 26 set. 2018.

MEWS, H. A. *et al.* No evidence of intrinsic spatial processes driving Neotropical savanna vegetation on different substrates. **Biotropica**, [s. l.], v. 48, n. 4, p. 433-442, 2016. Disponível em: https://doi.org/10.1111/btp.12313. Acesso em: 12 jan. 2019.

MEYER, D.; BUCHTA, C. proxy: Distance and Similarity Measures. **R package version 0.4-22**, [s. l.], 2018. Disponível em: https://cran.r-project.org/package=proxy

MEYER, D.; HORNIK, K. Generalized and Customizable Sets in R. **Journal of Statistical Software**, [s. l.], v. 31, n. 2, 2009. Disponível em: https://doi.org/10.18637/jss.v031.i02. Acesso em: 11 jan. 2019.

MINCHIN, P. R. An evaluation of the relative robustness of techniques for ecological ordination. **Vegetatio**, [s. l.], v. 69, n. 1-3, p. 89-107, 1987. Disponível em: https://doi.org/10.1007/BF00038690. Acesso em: 17 out. 2018.

MINISTÉRIO DO MEIO AMBIENTE. **Cerrado**. [s. l.], 2013. Disponível em: http://www.mma.gov.br/biomas/Cerrado. Acesso em: 9 maio 2013.

MOISÉS, P. E. D. **Comparação fitossociológica de Cerrado sensu stricto e Cerradão na Região de Três Lagoas-MS**. 44 f. Trabalho de Conclusão de Curso (Graduação em Agronomia) – Universidade Estadual Paulista, [s. l.], 1998.

MORAES, M. L. T. de; MORI, E. S.; RODRIQUES, C. J. Delineamento de pomar multiespécies. *In*: HIGA, A. R.; SILVA, L. D. (org.). **Pomar de sementes de espécies florestais nativas**. Curitiba: FUPEF, 2006. p. 183-202.

MOREIRA, A. G. Effects of fire protection on savanna structure in Central Brazil. **Journal of Biogeography**, [s. l.], v. 27, n. 4, p. 1021-1029, 2000. Disponível em: https://doi.org/10.1046/j.1365-2699.2000.00422.x. Acesso em: 13 jan. 2019.

MOTTA, P. E. F. da et al. Relações solo-superfície geomórfica e evolução da paisagem em uma área do Planalto Central Brasileiro. **Pesquisa Agropecuária Brasileira**, [S. l.], v. 37, n. 6, p. 869-878, 2002. Disponível em: https://doi.org/10.1590/S0100-204X2002000600017. Acesso em: 13 jan. 2019.

NETO, M. J. LEVANTAMENTO FLORÍSTICO DO PARQUE NATURAL MUNICIPAL DO POMBO, MUNICÍPIO DE TRÊS LAGOAS-MS. **Revista Saúde e Meio Ambiente**, [s. l.], v. 7, n. 2, p. 41-58, 2018. Disponível em: http://seer.ufms.br/index.php/sameamb/article/view/5894. Acesso em: 25 abr. 2019.

NETO, M. J.; CASSIOLATO, A. M. R.; SANTOS, R. M. dos. LEVANTAMENTO FLORÍSTICO DE UM REMANESCENTE DE CERRADO EM ÁREA URBANA DE TRÊS LAGOAS-MS, BRASIL. **Periódico Eletrônico Fórum Ambiental da Alta Paulista**, [s. l.], v. 11, n. 3, p. 33-48, 2015. Disponível em: https://doi.org/10.17271/1980082711320151211. Acesso em: 25 abr. 2019.

NOGUEIRA, A. C. Coleta, Manejo, Armazenamento e Dormência de Sementes. In: GALVÃO, A. P. M.; MEDEIROS, A. C. de S. (org.). **Restauração da Mata Atlântica em áreas de sua primitiva ocorrência natural**. Colombo: Embrapa Florestas, 2002. p. 45-52.

OKSANEN, J. et al. Vegan: Community Ecology Package. **R package version 2.5-2**, [s. l.], 2018. Disponível em: https://cran.r-project.org/package=vegan. Acesso em: 11 jan. 2019.

OLIVEIRA-FILHO, A. T.; RATTER, J. A. Vegetation physiognomies and woody flora of the Cerrado Biome. In: OLIVEIRA, P. S.; MARQUIS, R. J. (org.). **The Cerrados of Brazil: ecology and natural history of a Neotropical savanna**. New York: Columbia University Press, 2002. p. 91-120.

OLIVEIRA, L. M. de et al. Florística e síndromes de dispersão de um fragmento de Cerrado ao sul do Estado do Tocantins. **Scientia Agraria Paranaensis**, Marechal Cândido Rondon, Paraná, v. 17, n. 1, p. 104-111, 2018. Disponível em: http://e-revista.unioeste.br/index.php/scientiaagraria/article/view/16224/12752. Acesso em: 20 jan. 2019.

OLIVEIRA, P. de. As relações entre as indústrias de Três Lagoas-MS no contexto de territorialidade: um estudo com perspectivas de desenvolvimento local. **Conexão**, Três Lagoas, v. 7, n. 1, p. 294-307, 2010.

OLIVEIRA NETO, S. N. **Classificação ecológica do território brasileiro localizado entre 16 e 24° Latitude Sul e 48 e 60° Longitude Oeste** - Uma abordagem climática. 108 f. 2000. Universidade Federal de Viçosa, [S. l.], 2000.

OLIVEIRA, P. E. A.; MOREIRA, A. Anemocoria em espécies de Cerrado e mata de galeria de Brasília, DF. **Revista Brasileira de Botânica**, Brasília, Distrito Federal, v. 15, p. 163-174, 1992.

OTONI, T. J. O. *et al.* Componente arbóreo, estrutura fitossociológica e relações ambientais em um remanescente de cerradão, em Curvelo – MG. **CERNE**, [s. l.], v. 19, n. 2, p. 201-211, 2013. Disponível em: https://doi.org/10.1590/S0104-77602013000200004. Acesso em: 17 jan. 2019.

PEREIRA-NORONHA, M. R.; SILVA, J. L. L. **Mapeamento geoambiental do Horto Matão**. Três Lagoas: [s. n.], 1996.

PEREIRA, B. A. da S.; VENTUROLI, F.; CARVALHO, F. A. Florestas estacionais no Cerrado: uma visão geral. **Pesquisa Agropecuária Tropical**, [S. l.], v. 41, n. 3, p. 446-455, 2011. Disponível em: https://doi.org/10.5216/pat.v41i3.12666. Acesso em: 13 jan. 2019.

PINHEIRO, E. D. S.; DURIGAN, G. Dinâmica espaço-temporal (1962-2006) das fitofisionomias em unidade de conservação do Cerrado no sudeste do Brasil. **Revista Brasileira de Botânica**, [s. l.], v. 32, n. 3, p. 441-454, 2009. Disponível em: https://doi.org/10.1590/S0100-84042009000300005. Acesso em: 22 jan. 2019.

PINHEIRO, E. da S.; DURIGAN, G. Diferenças florísticas e estruturais entre fitofisionomias do Cerrado em Assis, SP, Brasil. **Revista Árvore**, [S. l.], v. 36, n. 1, p. 181-193, 2012. Disponível em: https://doi.org/10.1590/S0100-67622012000100019. Acesso em: 11 jan. 2019.

POTASCHEFF, C. M. *et al.* Stepping stones or stone dead? Fecundity, pollen dispersal and mating patterns of roadside Qualea grandiflora Mart. trees. **Conservation Genetics**, [s. l.], v. 20, n. 6, p. 1355-1367, 2019. Disponível em: https://doi.org/10.1007/s10592-019-01217-w. Acesso em: 1 jul. 2021.

R CORE TEAM. **R: A Language and Environment for Statistical Computing**. Vienna, Austria, 2018. Disponível em: https://www.r-project.org. Acesso em: 11 jan. 2019.

RAJORA, O. P. *et al.* Microsatellite DNA analysis of genetic effects of harvesting in old-growth eastern white pine (Pinus strobus) in Ontario, Canada. **Molecular** ecology, [s. l.], v. 9, n. 3, p. 339-348, 2000. Disponível em: http://www.ncbi.nlm.nih.gov/pubmed/10736031. Acesso em: 10 jan. 2019.

RAMOS-NETO, M. B.; PIVELLO, V. R. Lightning Fires in a Brazilian Savanna National Park: Rethinking Management Strategies. **Environmental Management**, [S. l.], v. 26, n. 6, p. 675-684, 2000. Disponível em: https://doi.org/10.1007/s002670010124. Acesso em: 12 jan. 2019.

RATTER, J. A. *et al.* Observations on forests of some mesotrophic soils in central brazil. **Revista Brasileira de Botanica**, [s. l.], v. 1, n. 1, p. 47-58, 1978. Disponível em: https://eurekamag.com/research/006/012/006012062.php. Acesso em: 12 jan. 2019.

RATTER, J. The Brazilian Cerrado Vegetation and Threats to its Biodiversity. **Annals of Botany**, [s. l.], v. 80, n. 3, p. 223-230, 1997. Disponível em: https://doi.org/10.1006/anbo.1997.0469. Acesso em: 10 jan. 2019.

REATTO, A. *et al.* Solos do Bioma do Cerrado: aspectos pedológicos. *In*: SANO, S. M.; ALMEIDA, S. P. de; RIBEIRO, J. F. (org.). **Cerrado:** ecologia e Flora. Brasília: Embrapa Cerrados, 2008. v. 1, p. 107-149.

REIS, S. M. *et al.* Post-fire dynamics of the woody vegetation of a savanna forest (Cerradão) in the Cerrado-Amazon transition zone. **Acta Botanica Brasilica**, [s. l.], v. 29, n. 3, p. 408-416, 2015. Disponível em: https://doi.org/10.1590/0102-33062015abb0009. Acesso em: 13 jan. 2019.

REIS, S. M. *et al.* Síndromes de polinização e dispersão de espécies lenhosas em um fragmento de Cerrado sentido restrito na transição Cerrado – Floresta Amazônica. **Heringeriana**, [s. l.], v. 6, n. 2, p. 28-41, 2012.

RESENDE, M. D. V. de. **Genética biométrica e estatística no melhoramento de plantas perenes**. Brasília: Embrapa Informação Tecnológica, 2002.

RESENDE, M. D. V. de. Software Selegen-REML/BLUP: a useful tool for plant breeding. **Crop Breeding and Applied Biotechnology**, [s. l.], v. 16, n. 4, p. 330-339, 2016. Disponível em: https://doi.org/10.1590/1984-70332016v16n4a49. Acesso em: 19 jan. 2019.

RESENDE, M. D. V. de. **Software SELEGEN-REML/BLUP:** sistema estatístico e seleção genética computadorizada via modelos lineares mistos. Colombo: Embrapa Florestas, 2007.

RIBEIRO, J. F.; WALTER, B. M. T. As principais Fitofisionomias do Bioma Cerrado. *In*: SANO, S. M.; ALMEIDA, S. P. de; RIBEIRO, J. F. (org.). **Cerrado:** ecologia e Flora. Brasília: Embrapa Cerrados, 2008. v. 1, p. 151-212.

RIDLEY, M. **Evolução**. Porto Alegre: Artmed Editora, 2006.

RIZZINI, C. T.; HERINGER, E. P. **Preliminares acerca das formações vegetais e do reflorestamento no Brasil Central**. Rio de Janeiro, Serviço de Informação Agricola 1962. p. 79.

ROCHA, N. M. W. B. *et al.* Phenology Patterns Across a Rupestrian Grassland Altitudinal Gradient. *In*: **ECOLOGY AND CONSERVATION OF MOUNTAINTOP GRASSLANDS IN BRAZIL**. Cham: Springer International Publishing, 2016. p. 275-289. Disponível em: https://doi.org/10.1007/978-3-319-29808-5_12. Acesso em: 11 jan. 2019.

ROHLF, F. J. **NTSYS 2.1:** Numerical Taxonomy and Multivariate Analysis. New York: Exeter Software, 2000.

ROTH, I. **Stratification of a tropical forest as seen in dispersal types**. Dordrecht: Springer Netherlands, 1986. (Tasks for vegetation science). v. 17 Disponível em: https://doi.org/10.1007/978-94-009-4826-6. Acesso em: 11 jan. 2019.

SÁ, M. E. de. A importância da adubação na qualidade de sementes. *In*: SÁ, M. E.; BUZETTI, S. (org.). **A importancia da adubação na qualidade dos produtos agrícolas**. São Paulo: Ícone, 1994. p. 65-98.

SAITO, M. *et al.* Ocorrência de espécies vegetais em diferentes condições de habitat e etapas do processo sucessional na região de Assis, SP. *In*: BÔAS, O. V.; DURIGAN, G. (org.). **Pesquisa em conservação e recuperação ambiental do Oeste Paulista:** resultados da cooperação Brasil/Japão/Instituto Florestal. Secretariaed. São Paulo: Páginas & Letras Editora e Gráfica, 2004. p. 241-264.

SALGADO, M. A. de S. *et al.* Crescimento e repartição de biomassa em plântulas de Copaifera langsdorffii Desf. submetidas a diferentes níveis de sombreamento em viveiro. **Brasil Florestal**, [s. l.], n. 70, p. 13-21, 2001.

SANTOS, A. R. dos *et al.* Geotechnology and landscape ecology applied to the selection of potential forest fragments for seed harvesting. **Journal of Environmental Management**, [s. l.], v. 183, p. 1050-1063, 2016. Disponível em: https://doi.org/10.1016/J.JENVMAN.2016.09.073. Acesso em: 12 jan. 2019.

SANTOS, H. G. *et al.* **Sistema Brasileiro de Classificação de Solos**. 5. ed. Brasília: Embrapa, 2018.

SAPORETTI JR, A. W.; MEIRA NETO, J. A. A.; ALMADO, R. de P. Fitossociologia de Cerrado sensu stricto no município de Abaeté-MG. **Revista Árvore**, [s. l.], v. 27, n. 3, p. 413-419, 2003. Disponível em: https://doi.org/10.1590/S0100-67622003000300020. Acesso em: 17 jan. 2019.

SCARIOT, A.; SOUSA-SILVA, J. C.; FELFILI, J. M. (org.). **CERRADO:** Ecologia, Biodiversidade e Conservação. Brasília: Ministério do Meio Ambiente, 2005.

SILVA, J. C. da *et al.* Sucessão ecológica no Cerrado. **Boletim do Grupo de Pesquisa da Flora, Vegetação e Etnobotânica**, [s. l.], v. 1, n. 1, p. 33-47, 2012.

SILVA, N. A. da. **Levantamento florístico do Horto Matão, Selvíria, Mato Grosso do Sul**. 47 f. Trabalho de Conclusão de Curso (Graduação em Agronomia) – Universidade Federal do Mato Grosso do Sul, [s. l.], 1997.

SILVA JUNIOR, M. C. *et al.* **100 árvores do Cerrado:** guia de campo. Brasília: Rede de sementes do Cerrado, 2005.

SILVA JÚNIOR, M. C. **100 Árvores do Cerrado - sentido restrito:** guia de campo. Brasília: Rede de sementes do Cerrado, 2015.

SILVA JUNIOR, M. C.; PEREIRA, B. A. S. **+ 100 árvores do Cerrado – Matas de Galeria:** guia de campo. Brasília: Rede de sementes do Cerrado, 2009.

SILVEIRA, F. A. O. *et al.* Ecology and evolution of plant diversity in the endangered campo rupestre: a neglected conservation priority. **Plant and Soil**, [s. l.], v. 403, n. 1-2, p. 129-152, 2016. Disponível em: https://doi.org/10.1007/s11104-015-2637-8. Acesso em: 11 jan. 2019.

SMITH, A. P. Stratification of Temperature and Tropical Forests. **The American Naturalist**, [s. l.], v. 107, n. 957, p. 671-683, 1973. Disponível em: https://doi.org/10.1086/282866. Acesso em: 6 jan. 2019.

SOUZA, M. L. L. de. Turismo como instrumento de desenvolvimento local. **Conexão**, Três Lagoas, v. 7, n. 1, p. 308-315, 2010.

SOUZA, É. R. *et al.* Phylogeny of Calliandra (Leguminosae: Mimosoideae) based on nuclear and plastid molecular markers. **Taxon**, [s. l.], v. 62, n. 6, p. 1200-1219, 2013. Disponível em: https://doi.org/10.12705/626.2. Acesso em: 11 jan. 2019.

STRASSBURG, B. B. N. *et al.* Moment of truth for the Cerrado hotspot. **Nature Ecology & Evolution**, [s. l.], v. 1, n. 4, p. 0099, 2017. Disponível em: https://doi.org/10.1038/s41559-017-0099. Acesso em: 11 jan. 2019.

STURION, J. A. Produção de sementes florestais melhoradas. *In*: GALVÃO, A. P. M. (org.). **Reflorestamento de propriedades rurais para fins produtivos e ambientais:** um guia para ações municípais e regionais. Embrapa Coed. Colombo: Embrapa Florestas, 2000. p. 71-76.

TARAZI, R. *et al.* High levels of genetic differentiation and selfing in the Brazilian Cerrado fruit tree Dipteryx alata Vog. (Fabaceae). **Genetics and Molecular Biology**, [S. l.], v. 33, n. 1, p. 78-85, 2010. Disponível em: https://doi.org/10.1590/S1415-47572010005000007. Acesso em: 20 jan. 2019.

TURNER, M. G. Landscape Ecology: The Effect of Pattern on Process. **Annual Review of Ecology and Systematics**, [s. l.], v. 20, n. 1, p. 171-197, 1989. Disponível em: https://doi.org/10.1146/annurev.es.20.110189.001131. Acesso em: 10 jan. 2019.

VELOSO, H. P.; FILHO, A. L. R. R.; LIMA, J. C. A. **Classificação da vegetação brasileira, adaptada a um sistema universal**. Rio de Janeiro: IBGE, Departamento de Recursos Naturais e Estudos Ambientais, 1991.

VENN, J. I. On the diagrammatic and mechanical representation of propositions and reasonings. **The London, Edinburgh, and Dublin Philosophical Magazine and Journal of Science**: Series 5, [s. l.], v. 10, n. 59, p. 1-18, 1880. Disponível em: https://doi.org/10.1080/14786448008626877. Acesso em: 11 jan. 2019.

VIANA, V. M.; PINHEIRO, L. a F. V. Conservação da biodiversidade em fragmentos florestais. **Série Técnica IPEF**, [s. l.], v. 12, n. tabela 1, p. 25-42, 1998.

WANG, J. *et al.* Contemporary pollen flow and mating patterns of a subtropical canopy tree Eurycorymbus cavaleriei in a fragmented agricultural landscape. **Forest Ecology and Management**, [s. l.], v. 260, n. 12, p. 2180-2188, 2010. Disponível em: https://doi.org/10.1016/J.FORECO.2010.09.016. Acesso em: 10 jan. 2019.

YAMAMOTO, L. F.; KINOSHITA, L. S.; MARTINS, F. R. Síndromes de polinização e de dispersão em fragmentos da Floresta Estacional Semidecídua Montana, SP, Brasil. **Acta Botanica Brasilica**, [s. l.], v. 21, n. 3, p. 553-573, 2007. Disponível em: https://doi.org/10.1590/S0102-33062007000300005. Acesso em: 6 jan. 2019.

YAMAZOE, G.; BÔAS, O. V. **Manual de pequenos viveiros florestais**. São Paulo: Páginas & Letras Editora e Gráfica, 2003.

YOUNG, A.; BOYLE, T.; BROWN, T. The population genetic consequences of habitat fragmentation for plants. **Trends in Ecology & Evolution**, [s. l.], v. 11, n. 10, p. 413-418, 1996. Disponível em: https://doi.org/10.1016/0169-5347(96)10045-8. Acesso em: 10 jan. 2019.

YOUNG, A. G.; BOYLE, T. J. Forest fragmentation. *In*: **FOREST CONSERVATION GENETICS: PRINCIPLES AND PRACTICE**. Wallingford: CABI, 2000. p. 123-134. Disponível em: https://doi.org/10.1079/9780851995045.0123. Acesso em: 8 jan. 2019.

ZAR, J. H. **Biostatistical analysis**. 4. ed. New Jersey: Prentice Hall, 1999.

ZAVALA, C. B. R. *et al*. Análise fitogeográfica da flora arbustivo-arbórea em ecótono no planalto da Bodoquena, MS, Brasil. **Ciência Florestal**, [s. l.], v. 27, n. 3, p. 907, 2017. Disponível em: https://doi.org/10.5902/1980509828640. Acesso em: 17 jan. 2019.